Hugo Blümner

Laokoonstudien

Erstes Heft: Über den Gebrauch der Allegorie in den bildenden Künsten

Hugo Blümner

Laokoonstudien
Erstes Heft: Über den Gebrauch der Allegorie in den bildenden Künsten

ISBN/EAN: 9783744638562

Hergestellt in Europa, USA, Kanada, Australien, Japan

Cover: Foto ©Thomas Meinert / pixelio.de

Weitere Bücher finden Sie auf **www.hansebooks.com**

LAOKOON-STUDIEN

VON

H. BLÜMNER.

———

ERSTES HEFT.

ÜBER DEN GEBRAUCH DER ALLEGORIE

IN DEN BILDENDEN KÜNSTEN.

FREIBURG I. B. & TÜBINGEN 1881.

AKADEMISCHE VERLAGSBUCHHANDLUNG VON J. C. B. MOHR
(PAUL SIEBECK).

VORWORT.

————

›Laokoon-Studien‹ habe ich diese in zwang-
loser Folge erscheinenden Aufsätze benannt, weil
ich in denselben verschiedene ästhetische Fragen zu
behandeln beabsichtige, welche Lessing im Laokoon
resp. in den Entwürfen zur Fortsetzung aufgeworfen
und entweder eingehender beantwortet oder nur kurz
gestreift hat. Von der Art, auf die ich diese Fragen
zu behandeln gedenke, kann der vorliegende erste
Aufsatz über die Allegorie eine Vorstellung geben.
Nichts liegt mir dabei ferner, als a priori ästhetische
Normen aufstellen zu wollen. Lessings eigene Worte:
›Bloss aus allgemeinen Begriffen über die Kunst vernünfteln, kann zu Grillen verführen, die man über
lang oder kurz zu seiner Beschämung in den Werken
der Kunst widerlegt findet‹, sollen die Richtschnur
dieser Untersuchungen abgeben. Die betreffenden
Punkte werden daher, wie es hier mit der Allegorie
geschehen ist, wesentlich vom kunsthistorischen Stand-

punkte aus geprüft, von dieser Prüfung aus die Resultate abstrahirt, die Stellung, welche die gegenwärtige Kunst in diesen Fragen zu nehmen hat, dargelegt werden. In den folgenden Abhandlungen soll zunächst die Frage nach dem Transitorischen in der Kunst, ferner nach dem sog. fruchtbaren (resp. prägnanten) Moment, weiterhin dann das Hässliche, Ekelhafte, Schreckliche, das Lächerliche u. a. m. der Betrachtung unterzogen werden. Das Erscheinen dieser weiteren Aufsätze wird von der Musse abhängen, welche dem Verfasser bei seiner amtlichen und anderweitigen litterarischen Thätigkeit vergönnt sein wird.

Zürich im Juli 1881.

H. Blümner.

ÜBER DEN

GEBRAUCH DER ALLEGORIE

IN DEN

BILDENDEN KÜNSTEN.

———

Das bekannte Wort, welches Lessing seinen Sinn-
gedichten vorsetzte: „Wer wird nicht einen Klopstock
loben! — Doch wird ihn jeder lesen? — Nein! — Wir
wollen weniger erhoben und fleissiger gelesen sein!" —
dies Wort kann heutzutage mit einer kleinen Veränderung
auf manche Schriften des grossen Mannes, dessen hundert-
jährigen Todestag wir in diesem Jahre begingen, selbst
angewandt werden. Freilich — gelesen wird Lessing heute
ja eben so fleissig, als er — von einigen kaum der Er-
widerung werthen Bekrittlern oder Begeiferern abgesehen
— gelobt wird; aber bedenklicher steht es mit der Be-
folgung seiner Lehren. Ungerecht zwar wäre es, wollte
man die tief eingreifende und nachhaltige Wirkung leugnen, welche Lessings ästhetische Schriften auf das gesammte geistige Leben unsrer Nation im vorigen und
zum Theil noch im gegenwärtigen Jahrhundert ausgeübt
haben; was die dramatische Litteratur seiner Hambur-
gischen Dramaturgie, was epische und lyrische Dichtung
seinem Laokoon verdanken, das ist in jeder Litteratur-

geschichte weitläufig zu lesen. Anders aber liegt die Sache bei den bildenden Künsten. In einem vor kurzem in einer geachteten pädagogischen Zeitschrift erschienenen Aufsatze stand die Behauptung, Lessings Laokoon habe die deutsche Malerei fünfzig Jahre in ihrer Entwicklung aufgehalten und verschliesse auch jetzt noch jedem, der ihm unbedingt (sollte heissen: ohne richtiges Verständniss) folge, den Weg zur altdeutschen und niederländischen Kunst. Irgendwie motivirt war dieser seltsame Ausspruch nicht; die traurige Oede, welche in der deutschen Malerei aus der zweiten Hälfte des vorigen Jahrhunderts bis auf Carstens herrschte, wird ohne weiteres als Resultat des verderblichen Einflusses der Lessing'schen Schönheitstheorie bezeichnet. Aber wer wird glauben, dass Mengs und Oeser, Tischbein und Angelika Kaufmann, welche sämmtlich direkt oder indirekt unter Winckelmann'schem Einflusse stehen, dessen ästhetische Regeln bekanntlich in manchen Punkten stark von den Lessing'schen divergiren, wer wird sich überreden, dass diese wackeren Künstler Dürers oder Rafaels geworden wären, wenn Lessing seinen Laokoon nicht geschrieben hätte? —

In der That ist der Laokoon auf die bildende Kunst der Zeitgenossen und der folgenden Epochen ohne Einfluss gewesen. Wieland konnte wohl einmal sagen, er fahre in einer begonnenen Beschreibung nicht fort, weil »Herr Lessing ihn am Ohre zupfe«; aber vergebens wird man sich nach irgendwelcher Aeusserung oder Spur davon umsehen, dass ein Maler oder Bildhauer des vorigen Jahrhunderts, sei es in seinen Sujets, sei es in der Behandlung derselben, sich durch Lessing hätte beeinflussen lassen. Und am allerwenigsten gilt das von einer Richtung der bildenden Kunst, über welche Lessing zwar im ersten Theil des Laokoon nicht so eingehend gehandelt hat, als er es vermuthlich in der Fortsetzung desselben zu thun beabsichtigte, über die er aber seine Meinung immerhin deutlich genug zu erkennen gegeben hatte: von der Allegorie. Der allegorischen Richtung in der Poesie hat Lessing allerdings den Todesstoss versetzt; nur schüchtern wagt sich heutzutage einmal eine derartige Tendenz in unserer Litteratur an's Tageslicht. Um so ungescheuter erhebt dagegen die Allegorie nach wie vor in der bildenden Kunst ihr Haupt, und zwar ganz besonders in der Skulptur. Wenn wir auch nicht mehr gerade den figurenreichen allegorischen Compositionen der Barockzeit begegnen, so liegt das doch mehr an dem zufälligen Mangel an Aufgaben, für welche dieselben angewandt werden könnten, als an einer Abneigung gegen die Allegorie überhaupt; denn kaum ein Denkmal grösseren Stils wird heutzutage irgendwelchem berühmten Manne, sei er ein Dichter oder Componist, sei er ein Krieger oder Staatsmann, errichtet, ohne dass allegorische Figuren der mannichfaltigsten Art den Sockel umgeben. Die Frage verdient daher wohl Erwägung, ob die Verwendung der Allegorie in der modernen Kunst denn in der That ihre Berechtigung hat, und dieser Erwägung ist der Inhalt der folgenden Blätter gewidmet.

Vor allem haben wir aber da die Vorfrage zu stellen, was wir unter Allegorie in der bildenden Kunst verstehen wollen. In der That ist diese Frage keineswegs so leicht zu beantworten, als es auf den ersten Blick scheinen könnte; denn wenn Lessing in seiner Abhandlung über die Fabel die Allegorie als ein Wort bezeichnet, womit nur wenige einen bestimmten Begriff verbänden, so gilt das im allgemeinen noch heute. Die beliebte, aber in Wahrheit sehr unbestimmte Definition, Allegorie sei jede Personifikation eines abstrakten Begriffes, genügt keineswegs, wenn auch die meisten heutzutage üblichen Allegorien mit dieser Definition stimmen. Am bekanntesten ist die auf Aristoteles zurückgehende, nur einigermassen modificirte Definition der Allegorie als Darstellung eines Gegenstandes vermittelst eines andern ihm ähnlichen, wobei als zu ihrem Wesen gehörig bezeichnet wird, dass zwar das Bild den darzustellenden Gegenstand deutlich durchblicken lasse, dieser aber auch umgekehrt das Bild nicht absorbire, sondern dasselbe in seiner eigenthümlichen Geltung lasse. Bei dieser Definition ist die natürliche Folge, dass in der Dichtkunst die Metapher, die Fabel, die Parabel, und in den bildenden Künsten das Symbol oder Sinnbild, unter Umständen auch die Carricatur, neben der eigentlichen Allegorie als allegorisch gelten müssen. Ich bemerke nun von vornherein, dass ich mich dieser Erweiterung des Begriffes der Allegorie im Folgenden nicht anschliessen will. Ich will gar nicht weiter untersuchen, ob man ein Recht dazu hat, den Begriff der Allegorie so weit auszudehnen; es ist dies am Ende doch lediglich Sache der Convenienz oder des Sprachgebrauches. Da man nun heute, und zwar wesentlich auf Grund dessen, was Lessing in seiner Abhandlung über die Fabel dargelegt hat, gewöhnt ist, die Fabel nicht als Allegorie zu fassen, so will auch ich es nicht

als Allegorie bezeichnen, wenn die Kunst gleich der
Fabel an Stelle bestimmter, mit gewissen ethischen Eigenschaften ausgestatteter Persönlichkeiten Sinnbilder setzt,
mögen es nun Thiere oder leblose Wesen sein oder sonst
irgendwelche Vorstellungen, durch welche sie in dem
Beschauer den Gedanken an damit verwandte Begriffe
erwecken will. Ich möchte den Unterschied, den ich
zwischen allegorischer und symbolischer Kunst mache, mit
den in der Theologie bekannten Termini: »das ist« und:
»das bedeutet« präcisiren. Die symbolisirende Kunst
sagt: dieser Fuchs bedeutet einen schlauen Menschen,
dieser Oelzweig bedeutet den Frieden, dieser Löwe die
Tapferkeit; die allegorisirende Kunst aber sagt: diese
Frau ist die Schlauheit, der Friede, die Tapferkeit in
Person. Wenn also z. B. Kaulbach in seinen Bildern
zum Reineke Fuchs moderne Verhältnisse unter der Thier-
maske geisselt, so betrachte ich das ebensowenig als
allegorisch, wie wenn etwa die antiken Künstler, meist
in viel harmloserer Weise, menschliche Handlungen von
Pygmäen oder von Eroten vornehmen lassen; und wenn
in der Renaissancezeit man es liebte, die Bürgertugenden
in den Rathhäusern und Palästen durch bekannte Er-
eignisse aus der Geschichte zu versinnlichen, so war das
ebensowenig allegorisch, als wenn die religiöse Malerei sich
bestimmter Scenen des alten Testamentes bediente, um sie als
Parallelen oder Typen für gewisse Momente aus der Evan-
geliengeschichte zu benutzen. In allen diesen Fällen kann
man den Gebrauch, welcher von jenen Darstellungen gemacht wird, als allegorisch bezeichnen; die Darstellungen selbst aber sind es nicht. Es bleibt im übrigen für die

Resultate meiner Untersuchung ganz gleichgiltig, ob man sich mit dieser Unterscheidung von symbolisirender und allegorisirender Kunst einverstanden erklären will; wer auch die erstere mit unter das Gebiet der Allegorie rechnet, dem möge eben genügen, dass ich im folgenden nur von der eigentlichen Allegorie κατ' ἐξοχήν zu handeln beabsichtige.

Es geht aus dem bisher Gesagten zur Genüge hervor, dass ich die Personifikation als wesentliches Merkmal der eigentlichen Allegorie betrachtet wissen will. Allerdings nicht bloss die Personifikation abstrakter Begriffe, sondern überhaupt die Personifikation eines jeden Begriffes schlechtweg. Freilich lässt nicht jedes Ding eine solche Personifikation zu: ein einzelner Mensch kann, da er an sich schon eine Person ist, nicht personificirt werden; wohl aber ein Fluss, ein Erdtheil u. dgl., also an sich ganz conkrete Begriffe. Werden derartige Personifikationen vereinzelt oder, wenn auch untereinander verbunden, so doch ohne einen bestimmten, tieferen inneren Zusammenhang dargestellt, so kann man sie als einfache Allegorien bezeichnen. Für solche bietet die moderne Kunst zahlreiche Belege; die Darstellungen der Herrschertugenden an Statuen von Fürsten sind eben so gewöhnlich, wie die von Wissenschaften und Künsten an Denkmälern von Gelehrten, Dichtern, Künstlern; an die zahllosen Figuren der Germania, Borussia etc. (was dann weiter selbst bis zu einer Berolina führt!) brauche ich kaum zu erinnern; Personifikationen der Dampfkraft, der Elektricität u. s. w. werden einem jeden in Erinnerung sein. Neben diesen einfachen Allegorien können wir

aber auch von zusammengesetzten sprechen, und zwar
giebt es deren von doppelter Art: solche, welche irgend
einen Gedanken mit Hilfe allegorischer Figuren uns zur
Anschauung bringen wollen; und solche, die einen wirklichen, dem Leben entnommenen Vorgang, sei er nun
historisch oder ersonnen, dadurch über die Wirklichkeit
erheben, dass sie die dargestellten Persönlichkeiten des
wirklichen Lebens mit allegorischen Figuren vermischen.
Von der ersten Art ist z. B., um ein Werk der modernen
Kunst anzuführen, die bekannte Allegorie Hennebergs,
die Jagd nach dem Glück. Allerdings ist hier der Reiter
keine Personifikation, wenigstens nicht im strengen Sinne,
sondern ein wirklicher Mensch, auch die unter seinem
Rosse liegende Frauengestalt stellt ein wirkliches Weib
vor; aber trotzdem sind sie allegorische Gestalten, denn
der Vorgang, den wir dargestellt sehen, kann sich in dieser
Form niemals ereignen, dies Pferd ist kein wirkliches Pferd,
sondern soll uns nur das stürmische Dahinrasen eines
verblendeten Glücksjägers kennzeichnen, der in seinem
wahnsinnigen Streben auch den Verlust der Geliebten
gering achtet, selbst wenn ihn sein Weg über ihre Leiche
führt. Von der zweiten Art ist es dagegen, wenn beispielshalber auf dem Siemering'schen Fries zur Germania
vom Berliner Einzuge des Jahres 1871 mitten unter den
einzelnen, der Wirklichkeit nachgebildeten Darstellungen
des Ausmarsches und der Kriegsvorbereitungen (mögen
dieselben auch in dieser Zusammenstellung ein ideales
Bild ergeben) ein die Kriegsfanfare blasender Herold
als allegorische Figur erscheint. Wir werden im weiteren
Verlauf der historischen Darstellung noch andere Beispiele

dieser beiden Arten kennen lernen. Das bisher Aus-
einandergesetzte aber wird wohl genügen, um die Bedeutung, welche wir in dieser Untersuchung mit dem Begriffe der Allegorie verbinden, deutlich zu präcisiren.

Da es uns aber fern liegt, unser Urtheil über die
Berechtigung der Allegorie in den bildenden Künsten
auf aprioristische Begriffsbestimmungen und allgemein
ästhetische Regeln begründen zu wollen, so ist es unerlässlich, dass wir einen kurzen historischen Ueberblick
über die Anwendung der Allegorie in der Kunst voraus-
schicken. »Bloss aus allgemeinen Begriffen über die Kunst
vernünfteln,« sagt Lessing im Laokoon, »kann zu Grillen
verführen, die man über lang oder kurz zu seiner Beschämung in den Werken der Kunst widerlegt findet.«
Wenn wir uns bei dieser historischen Betrachtung am
eingehendsten mit der alten Kunst beschäftigen und der
neueren eine etwas flüchtigere Uebersicht widmen, so
geschieht das zwar mit aus dem Grunde, weshalb Lessing
am selben Orte die Beispiele der alten Kunst heranzieht,
indem er sagt: »was ihre (der Alten) Künstler gethan,
wird mich lehren, was die Künstler überhaupt thun sollen;«
aber es ist doch nicht allein die Anschauung, dass die
Alten so schlechtweg unsere Lehrmeister in Sachen der
bildenden Künste sein müssten, welche zu eingehenderer
Behandlung gerade der antiken Allegorie veranlasst, sondern namentlich auch der Umstand, dass die moderne
Kunst die Allegorie als ein Erbtheil von der Antike über-
nommen hat. Die Frage wird sich freilich, und schon
im Laufe der historischen Betrachtung, dahin zuspitzen,
ob der Erbe denn ein Recht hat, die ihm durch Erb-

schaft überkommenen, aber längst ausser Curs gekommenen Münzen noch immer als Zahlungsmittel auszugeben, anstatt sie hübsch in seine Sammlung zu legen und sich derjenigen Münze zu bedienen, welche seine Zeit prägt und anerkennt.

Man hat die hellenische Kunst nicht selten der Hinneigung zur Allegorie beschuldigt. Sehen wir uns aber in den Nachrichten der Alten über Kunstwerke und in dem noch erhaltenen Denkmälerschatze näher um, so finden wir, dass diese Beschuldigung durchaus der Begründung entbehrt und dass eine deutliche, wenn auch noch so schwache allegorische Tendenz sich erst in der zweiten Hälfte der griechischen Kunstentwicklung bemerklich zu machen anfängt, während die Allegorie selbst festes Bürgerrecht streng genommen erst in der alexandrinisch-römischen Epoche erlangt. Freilich kommt es hier sehr darauf an, wie sich jemand zu dem Begriff der Allegorie überhaupt stellt. Wer da ganz streng zu Werke gehen will, für den ist ja die ganze griechische Mythologie überhaupt Allegorie. Denn mögen nun die griechischen Götter ursprünglich Personifikationen von Naturkräften resp. Naturerscheinungen, oder mögen sie Repräsentanten bestimmter ethischer Begriffe sein — beide Auffassungen stehen sich gegenwärtig in der Behandlung der griechischen Mythologie noch ziemlich schroff gegenüber —, immer sind es doch an und für sich allegorische Gestalten; und wenn auch bei vielen, wie namentlich bei Zeus und Hera, dem höchsten Götterpaare selbst, schon frühzeitig die eigentliche Grundvorstellung durch die allgemeinere des Herrschers und der Herrscherin über Götter und Menschen

verdrängt würde, so haben doch die meisten Göttergestalten eine bestimmte symbolische Bedeutung bewahrt
oder neu überkommen, sodass zur Zeit des vollständig
entwickelten Göttersystems z. B. Ares die kriegerische
Tüchtigkeit, Athene die Weisheit in allerlei Arbeit und
Wissenschaft, Aphrodite Liebreiz und Anmuth u. s. w.
repräsentiren. Indessen es wäre thöricht, die Kunst,
welche die Götter ihrer symbolischen Bedeutung gemäss
auffasst und mit den dieser Bedeutung entsprechenden
Attributen ausstattet, deswegen der Tendenz zur Allegorie
beschuldigen zu wollen. Allerdings gingen die Künstler
der besten Zeit darauf aus, die Bilder der Götter nicht
bloss als individuelle Repräsentanten der bestimmten,
jenen Göttern wesentlich zukommenden Eigenschaften oder
Thätigkeiten darzustellen; nicht etwa war bei ihnen der
Kriegsgott bloss das Bild eines tapferen Mannes, Aphrodite
ein schönes Weib, Hephästos ein verständiger Arbeiter,
vielmehr suchten sie durch Idealisirung ihre Göttergestalten
so weit über die menschliche Individualität hinaus zu erheben, dass sie als die ideellen Verkörperungen jener
Begriffe selbst erschienen, Ares in der That als der Gott
der kriegerischen Tapferkeit, Aphrodite als Verkörperung
der weiblichen Schönheit u. dgl. Insofern sie also abstrakte Begriffe, Zustände, Handlungen, Eigenschaften
u. dgl. unter einem körperlichen Bilde vorstellten, schufen
sie allerdings allegorische Figuren; aber da ihnen in der
Schöpfung dieser Allegorien der lebendig gestaltende
Volksglaube und an ihn sich eng anschliessend die
Volkspoesie vorangegangen war, waren diese Allegorien im Volksbewusstsein bereits so fest wurzelnd ge-

worden, dass sie, streng genommen, gar nicht mehr als
Allegorien empfunden wurden und dass man daher auch
ihre bildlichen Darstellungen nicht mehr als Allegorien
bezeichnen kann. Mit vollem Recht sagt Grote, dass
jene grossen göttlichen Urkräfte immer ihren Charakter
in Gestalt von Personen bewahrt haben, dass dem Griechen
selbst Uranos, Nyx, Hypnos und Oneiros (Himmel, Nacht,
Schlaf und Traum) eben so gut Personen waren, wie Zeus
und Apollon. »Was für uns blosse Schöpfung einer über-
schwänglichen Phantasie ist, war für den Griechen echte
und hochverehrte Wirklichkeit.« Dazu kommt, dass die
meisten Attribute dieser Göttergestalten keine symbolischen,
keine allegorischen, sondern, wie Lessing es nennt, poetische
Attribute sind. Der Blitz des Zeus soll einen wirklichen
Blitz vorstellen, die Lanze des Ares ist wirklich zum
männermordenden Kampfe bestimmt, und mit seinem
Hammer schmiedet Hephästos so gut, wie der gewöhnliche
griechische Handwerker. Ja selbst der Dreizack des
Poseidon darf nicht als allegorisches Attribut aufgefasst
werden, denn es ist das ursprüngliche Geräth des die
grossen Meerthiere harpunirenden Fischers, und wenn
auch Poseidon selbst sich seiner nicht mehr zu diesem
Zwecke bedient, so hat das Geräth in seiner Hand doch
keine übertragene symbolische Bedeutung erhalten, sondern soll nur an das dem Gotte unterthänige Element
erinnern. Ein sehr wesentliches Kennzeichen der Allegorie: dass die dargestellten Figuren selbst und namentlich
ihre Attribute etwas anderes bedeuten als das, was sie
zunächst sind oder zu sein scheinen, dies wesentliche
Erforderniss fehlt also meistens bei den griechischen

Götterfiguren, und schon deshalb können wir sie nicht als Allegorien auffassen. Wenigstens die ältesten und wichtigsten Götter des griechischen Olympes nicht. Etwas anders steht es freilich mit einigen Gottheiten, welche, wenngleich auch bereits frühen Ursprungs, doch ihre Entstehung bereits einer gewissermassen reflektirenden Mythenbildung verdanken. Wenn z. B. der Liebesgott Eros Bogen und Pfeile oder die Fackel führt, so sind diese Attribute in der That nicht gleich jenen vorhin angeführten rein poetische, sondern bereits allegorische Attribute: denn jene Pfeile sind ja keine wirklichen Pfeile, sondern deuten nur auf die innern Wunden hin, welche die Liebe dem Menschenherz schlägt; und jene Fackel ist keine wirkliche Fackel, sondern das Symbol für die den Menschen verzehrenden Liebesflammen. Ebenso sind die Fackeln und die Geissel, welche in der spätern Poesie und Kunst die Erinnyen führen, allegorische Attribute, die freilich dadurch häufig zu rein poetischen werden, dass die Göttinnen in der Unterwelt mit diesen, ursprünglich nur die Qualen des bösen Gewissens versinnlichenden Marterwerkzeugen nicht selten die Sünder quälen. Je jünger aber die Entstehung eines Göttertypus ist, um so mehr nähert er sich einer rein allegorischen Figur, um so mehr werden die ihm von der Kunst gegebenen Attribute anstatt poetischer symbolische; so ist z. B. Hekate zwar schon eine alte Göttin, aber die ihr von der spätern Kunst gegebenen mannichfaltigen Symbole (Schlüssel, Strick, Fackel, Schlange, Messer) sind der alten Poesie und Mythologie fremd, sie sind ein Produkt der reflektirenden Kunst, welche Bedeutung und

Funktionen der dreigestaltigen Gottheit auch äusserlich klar machen wollte; ebenso ist der Typus der Nemesis vollständig aus der Reflexion hervorgegangen.

Wenn man nun auch zugeben muss, dass bei Göttertypen, wie die letztgenannten, in der That allegorische Tendenzen zu Tage treten, so wäre es durchaus unberechtigt, wenn man daraufhin der griechischen Kunst selbst schon in jenen Jahrhunderten, da diese Typen aufkamen, Neigung zur Allegorie vorwerfen wollte. Denn wir dürfen nicht vergessen, dass die Künstler zwar die Typen dieser Gottheiten, nicht aber die Gottheiten selbst geschaffen haben; vielmehr sind diese selbst noch Produkte des mythenbildenden, götterschaffenden Volksgeistes; und wenn man auch, wie bereits angedeutet, den meisten derselben anmerkt, dass sie nicht mehr so ursprünglich aus dem innersten Volksbewusstsein herausgewachsen sind, wie die Hauptgötter, so sind sie deswegen doch noch keineswegs allegorische Gestalten in dem Sinne, welchen wir heute damit verbinden müssen, d. h. sie sind nicht blosse abstrakte Personifikationen für die Hellenen geblieben, sondern zu wirklich individuell gedachten göttlichen Wesen geworden. Ueberhaupt müssen wir ja festhalten, dass in der christlichen Zeit der Begriff der Allegorie ein anderer, viel mehr erweiterter sein muss, als bei den Alten. Eine polytheistische Religion, welche Himmel und Erde, Wasser und Unterwelt mit zahlreichen Götterwesen bevölkert, kann die Zahl derselben leicht noch um einige vermehren, so lange sie noch lebendig schaffend und im Volksgeist wurzelnd ist. Die auf diese Weise entstandenen göttlichen Gestalten sind, selbst wenn sie bereits Geschöpfe der Reflexion sind, doch zunächst noch jedermann verständlich und bürgern sich schnell ein. Erst wenn die Produktivität des Volksgeistes nach dieser Richtung erstorben ist, wenn die Naivetät jener älteren Zeit, die ihre selbstgeschaffenen Götter gläubig aufnahm, anfängt der Gleichgiltigkeit oder dem Skepticismus zu weichen, erst dann kann man die Götterwesen, welche etwa noch neu geschaffen werden, als allegorische bezeichnen; denn diese Gestalten gewinnen kein Fleisch und Blut mehr, bleiben dem einfachen Volksverstand immer fremd und verschwinden entweder sehr schnell wieder, nachdem sie als Schöpfung eines einzelnen in Poesie oder Kunst vorübergehend aufgetreten sind, oder sie fristen ein kümmerliches Dasein, nur den Gelehrten verständlich, als wesenlose Schemen. Letzteres gilt vornehmlich von den später noch zu besprechenden, zahlreichen allegorischen Schöpfungen der römischen Kunst; ersteres ist der Fall bei den meisten allegorischen Figuren der Griechen. Viele in der griechischen Poesie zum Theil schon frühzeitig auftretende Personifikationen abstrakter, meist ethischer Begriffe sind entweder ganz vereinzelt geblieben, oder, auch wenn sie später wieder erscheinen oder selbst im Cultus Bedeutung erlangt haben, sind sie von der Kunst in richtiger Erkenntniss der ihr gesteckten Grenzen nicht zur Darstellung gebracht, vor allem nicht zu bestimmten Typen ausgebildet worden. Wenn Hesiod in der Theogonie als Kinder des Styx und der Pallas Nike, Kratos, Bia und Zelos nennt (Sieg, Stärke, Gewalt und Wetteifer), so hat von diesen vier allegorischen Figuren nur die eine, Nike, sich zum Rang

einer wirklichen, allgemein anerkannten und von der
Kunst aufgenommenen Gottheit aufschwingen können;
Kratos und Bia hat Aeschylos im Prometheus als dramatische Figuren verwandt, die Bia hat auch zusammen
mit der ebenfalls erst durch die Dichtung zur Personifikation erhobenen Ananke (Nothwendigkeit) in Korinth
ein Heiligthum gehabt: aber die Plastik hat sich ihrer
nie bemächtigt, ebenso wenig wie der vierten Gestalt des
Zelos, welche nur noch bei mythologischen Schriftstellern
sich findet und sicherlich ebenso wie jene andern beiden
niemals volksthümlich geworden ist. — Die bereits ho-
merische Gestalt der Ate, der Gemüthsverblendung, welche
den Menschen zu argen Thaten treibt, der die Litai, die
Bitten, als Zeichen der Reue und Busse folgen, ist zwar
ebenso wie die Hybris, die verderbliche Selbstüberhebung
des Menschen, und wie die Nemesis, die vergeltende
Gerechtigkeit, mehr im Bewusstsein der Menschen lebendig geworden, als die vorher genannten; aber so sehr
bewährten diese Göttergestalten den Charakter einer
übersinnlichen, unpersönlichen Macht, dass bis auf Nemesis keine derselben einen festen Typus in der Kunst erhalten hat; und auch für letztere hatte sich noch im fünften Jahrhundert durchaus keine deutlich bestimmte bild-
liche Vorstellung entwickelt, sodass es möglich war, dass
Phidias (oder sein Schüler Agorakritos) eine ursprünglich
die Aphrodite darstellende Statue unbedenklich zur Nemesis umtaufen konnte. Erst die folgende Zeit ist es,
welche letzterer jene vorhin berührten, rein allegorischen
Kennzeichen beigelegt hat: den gebogenen Arm als
Zeichen des Masses, Zaum oder Joch als Symbol der

weisen Beschränkung u. dgl. — Zahlreiche allegorische Personifikationen, denen wir in der griechischen Litteratur begegnen, sind so nie über die Existenz einer poetischen Fiktion herausgekommen, oder sie haben zwar insofern sich ein gewisses Bürgerrecht errungen, als man ihnen Altäre und Heiligthümer errichtete, wie der Personifikation des Mitleids, der Furcht, der Scham und vielen andern, aber die bildende Kunst hat sich nicht um sie gekümmert.

Seltener ist in der griechischen Kunst der Fall, dass Künstler frei aus sich heraus, d. h. ohne Anlehnung an Religion oder Poesie, rein allegorische Gestalten in dem oben definirten Sinne geschaffen haben; wo es aber geschieht, da verfallen diese meist noch schneller dem Loose so zahlreicher poetischer Allegorien, wirkungslos vorüberzugehen. Wenn Polygnot in seinem figurenreichen Gemälde der Unterwelt den Oknos (die Saumseligkeit) malte als einen Mann, der eifrig ein Strohseil flicht, ohne zu merken, dass hinter seinem Rücken eine Eselin alles was er gefertigt, wieder aufzehrt, so ist diese Figur, welche man auf einen Mann deutete, dessen mühsam erworbenes Vermögen ein liederliches Weib durchbringe, nicht direkt eine Allegorie zu nennen; Polygnot benutzte hier eine alte, offenbar im Volk verbreitete Fabel resp. Parabel, und damit hängt auch zusammen, dass wir der gleichen Figur auch in spätern Kunstwerken noch öfter begegnen, obgleich die ursprüngliche Bedeutung derselben jedenfalls nach und nach in Vergessenheit gerieth und der Oknos mehr zu einem stehenden Repräsentanten der Unterwelt wurde. Wenn aber Polygnot im gleichen Bilde einen Dämon der Verwesung darstellte, in abschreckender Ge-

stalt, schwarzblau von Farbe, gleich einer verwesenden
Leiche, und auf dem Balge eines Geiers sitzend, so
scheint er diese Figur, die man übrigens als eine ästhetische Verirrung bezeichnen muss, selbständig erfunden
zu haben; und es ist bezeichnend, dass, so mannigfache
Anregung die spätere Kunst sonst gerade durch das Unter-
weltsgemälde Polygnots erhalten zu haben scheint, doch
diese Figur sich nirgends wiederholt oder benutzt findet,
ebenso wie sie offenbar im Volksbewusstsein keine Aufnahme gefunden hat. — Ebenfalls einigen allegorischen
Neuschöpfungen begegnen wir in einem Gemälde von
Polygnots Bruder Aristophon; in einem Bilde, welches
wahrscheinlich ein Abenteuer des Odysseus aus der letzten Zeit der Belagerung von Troja vorstellte, waren neben
den heroischen Gestalten des Priamos, Odysseus, Deï-
phobus und der Helena die allegorischen der Credulitas
(Leichtgläubigkeit) und Dolus (List) dargestellt: letztere
jedenfalls als Begleiterin des schlauen Odysseus, erstere
neben Priamos, der sich durch einen listigen Betrug des
Odysseus täuschen lässt. So häufig sonst die griechische
Kunst sterbliche Menschen, seien es nun Persönlichkeiten
der Heroensage, seien es wirkliche, dem täglichen Leben
entnommene Gestalten, mit göttlichen Wesen in direkte
Verbindung setzt, so ungewöhnlich ist doch für jene frühe
Zeit (zweite Hälfte des fünften Jahrhunderts vor Chr.)
eine derartige Verbindung mit rein allegorischen Wesen:
mag nun Aristophon dieselben selbst erfunden oder sie
von einem uns nicht mehr erhaltenen Dichter entlehnt
haben. Dass aber überhaupt ein Künstler bereits damals
auf den Gedanken kommen konnte, solche Personi-

fikationen abstrakter ethischer Begriffe zu malen, das
darf man keineswegs aus einer bestimmten Neigung zur
Allegorie herleiten, das entspringt vielmehr der gleichen
Anschauung, welche den Dichter dazu veranlasst, dergleichen Figuren für seine Zwecke einzuführen: dem
Wunsche, dadurch psychologische Vorgänge deutlich zu
machen, und dem Unvermögen, dies anders als auf con-
kretem Weg zu erreichen. Hätten wir hier in der That
etwas den allegorischen Tendenzen der späteren Zeit
Aehnliches schon vor uns, dann müssten jene Dichter,
wie es die Alexandriner, z. B. Kallimachus, und die
Römer, wie z. B. Ovid gern thun, solche allegorische
Figuren auch eingehend beschreiben und ihr Aeusseres
in Uebereinstimmung mit ihrer Bedeutung zu bringen
suchen; dann müssten die Künstler ebenfalls durch Beifügung von Attributen, durch bestimmte Charakterisirung
der äussern Erscheinung, diese Gestalten dem Beschauer
von vornherein klar zu machen bestrebt sein. Aber keines
von beiden ist der Fall; wie die älteren Dichter jene
Personifikationen einfach einführen, aber nirgends den
Versuch machen, sie anders als durch ihre Handlungen
oder Reden als das zu kennzeichnen, was sie sind, so
weist auch nichts darauf hin, dass (ich nehme natürlich
jenen Dämon der Verwesung aus) die früheren Künstler
diese Personifikationen durch etwas anderes für den Beschauer deutlich gemacht hätten, als durch den dazu ge-
schriebenen Namen. Wenn am Kasten des Kypselos,
also einem Denkmal aus noch sehr früher Kunstepoche,
man in einer Scene des figurenreichen Bildwerkes eine
schöne Frauengestalt erblickte, welche eine hässliche am

Halse würgte und dabei mit einem Stocke schlug, so lernte der Betrachter nur durch die Unterschriften, dass diese beiden Gestalten keine sterblichen Weiber, sondern Dike und Adikia, strafende Gerechtigkeit und ungerechte That, vorstellen sollten; ja fast möchte ich, mit Rücksicht auf den Standpunkt der damaligen Kunst und gestützt auf die Analogie anderer früher Kunstwerke, glauben, dass die angebliche Schönheit der einen und Hässlichkeit der andern ein Zusatz des Beschreibers, des Pausanias ist, während in Wirklichkeit beide Gesichter die gleiche, jener Epoche eigenthümliche Ausdruckslosigkeit und schematische Behandlung zeigten. Und damit hängt es auch jedenfalls zusammen, dass die statuarische Kunst in den ersten Jahrhunderten sich von solchen Personifikationen ganz frei gehalten hat. Im Gemälde war es ganz gewöhnlich, dass man zu den dargestellten Figuren die Bedeutung dazu schrieb, und auch in den Reliefs der älteren Zeit ist das offenbar häufig vorgekommen; hingegen unter eine Statue setzte man (wenn es nicht eine Portraitstatue, ein Ehrendenkmal u. dgl. war) den Namen der dargestellten Persönlichkeit nicht. Solche attributlose, ihrem Charakter nach oft sehr allgemein gehaltene allegorische Figuren, dergleichen Poesie und Cultus in reicher Auswahl darboten, waren daher für den Bildhauer kein geeignetes Objekt, und es ist erst die zweite Blüthezeit der griechischen Kunst, welche sich auch solche Aufgaben stellt und allerdings, wie nicht geleugnet werden kann, mit grosser psychologischer Feinheit zu lösen weiss.

Denn ich muss hier erinnern, dass was wir bisher

von Aufnahme allegorischer Figuren in Poesie und Kunst
der Griechen gesagt haben, sich wesentlich auf die Zeit
bis zur ersten grossen Blüthe unter Phidias und Poly-
klet, Aeschylos und Sophokles, bezog. Je weiter wir
aber in der Entwicklung von Poesie und Kunst vor-
schreiten, um so mehr bemerken wir eine allmählich
auftretende und zunächst noch sehr bescheiden sich geltend machende Hinneigung zur Allegorie. Schon die
bekannte Gruppe von Kephisodot, dem Vater des Praxiteles, Eirene (der Friede) mit dem Knaben Plutos (der
Reichthum) auf dem Arm, von der wir eine schöne
Replik in einer Gruppe der Münchener Glyptothek besitzen, kann als Allegorie im eigentlichen Sinne des
Wortes bezeichnet werden. Beiden Gestalten begegnen
wir freilich in der Poesie schon früher; schon alt war
die symbolische Auffassung des Gedankens, dass der
Reichthum nur in der Pflege des Friedens gedeihe. Aber
erst Kephisodot scheint diesen Gedanken jener anmuthigen Gruppe plastisch veranschaulicht zu haben, aus
früherer Zeit erfahren wir nur von Einzeldarstellungen
der Eirene. Es ist zum ersten Male, dass wir in der
Skulptur einem Werke begegnen, welches nicht bloss
einen abstrakten B e g r i f f, sondern einen abstrakten G e -
d a n k e n, eine bestimmte Ideenverbindung zur Erscheinung
bringen will; und es kennzeichnet bereits die Schwäche,
welche dieser ganzen Richtung anhaftet, dass die in jeder Beziehung so anmuthige und vollendete Gruppe
Kephisodots ohne das Attribut des Füllhorns von einem
antiken Beschauer ebensowenig in ihrer eigentlichen Bedeutung wäre erfasst worden, wie von den modernen,

welche — da das Füllhorn nicht mehr erhalten war —
nur durch eine glückliche Combination die Bedeutung
der erhaltenen Copie erkannt haben, während man früher
die Deutung der Gruppe in dem allgemein menschlichen
Verhältniss eines zarten Kindes zu seiner mütterlichen
Pflegerin suchte. Das in seiner gehaltenen Ruhe und
Würde noch einigermassen an die Strenge der vorangehenden Epoche des hohen Stiles erinnernde Werk
des Kephisodot kann daher trotz alledem als bezeichnend
für den Anbruch einer neuen Periode der bildenden
Kunst betrachtet werden; und es überrascht danach nicht,
wenn wir die Künstler des vierten Jahrhunderts vielfach
mit Aufgaben beschäftigt finden, in denen nicht sowohl
feste, dauernde ethische Zustände, als vorübergehende,
mehr zum Pathos zu rechnende Stimmungen verkörpert
werden. Es hängt das zum Theil schon zusammen mit
der veränderten Richtung der damaligen Poesie. In der
Poesie eines Aeschylos und Sophokles hatte die Leidenschaft keinen Raum; dieselbe edle Einfalt und stille
Grösse, welche die Gestalten eines Phidias selbst im
heftigsten Affekt bewahren, kennzeichnet auch die Persönlichkeiten der aeschyleischen und sophokleischen
Dramen. Anders bei Euripides, in dessen Tragödien
heftige Seelenkämpfe, psychologische Probleme, gewaltige
Leidenschaften eine Hauptrolle spielen. Nun ist allerdings die Thätigkeit des Euripides der des an Jahren etwas
älteren Sophokles gleichzeitig; die nachhaltigste Wirkung
haben seine Stücke aber nicht auf seine Zeitgenossen,
sondern erst in der Folgezeit geübt. Und diese Wirkung
finden wir wieder in den Schöpfungen der ersten Künstler

jener Zeit, des Praxiteles und Skopas. Bilder des Eros hatte die Kunst schon lange vorher geschaffen, so gut wie Statuen des Dionysos; die dem Eros so verwandten Figuren aber des Himeros und Pothos (Sehnsucht und Liebesverlangen) konnten erst geschaffen werden, nachdem ein Dichter seinem Volke all die mannichfaltigen Phasen liebesbewegter Herzenskämpfe vorgeführt hatte, so gut wie die Gestalt der Methe (Trunkenheit) erst damals vom Dionysos abgelöst und ihm personificirt als Begleiterin beigegeben wurde. Ganz besonders deutlich aber prägt sich dieser Einfluss der euripideischen Tragödie aus in einem besonderen Zweige der griechischen Kunst, in der Vasenmalerei des vierten und dritten Jahrhunderts. Während wohl auch früher schon Figuren von ursprünglich allegorischer Bedeutung von den Vasenmalern dargestellt wurden, aber in einer Weise, welche dieselben durchaus nicht als Allegorien, vielmehr als einfache göttliche Wesen erscheinen liess, bemerken wir auf zahlreichen Vasen des vierten und dritten Jahrhunderts (und zwar auffallender Weise wesentlich unteritalischen Fundorts), dass in mythischen Scenen von lebhafter Handlung die dabei wirksamen psychologischen Affekte einer oder mehrerer der dargestellten Personen auch leibhaftig personificirt und so gut als es eben geht auch äusserlich charakterisirt erscheinen. Wenn der wahnsinnige Herakles sein unglückliches Kind auf dem Arm fortträgt, um es in die Flammen zu werfen, so erscheint oberhalb der Scene Mania, die Personifikation des Wahnsinnes selbst. Wenn Medea, von Rache gegen Jason getrieben, ihre eignen Kinder mordet, sehen wir in ihrer Nähe auf dem Schlangenwagen, der

sie bald davon führen soll, Oistros stehen, die Personifikation der rasenden Wuth, welche sie zu ihrer ent-
menschten That antreibt; wenn Tereus die Philomela
nach seiner Heimat geleitet, so erscheint ihm unterwegs
die Apate, der Trug, welche ihm den bösen Gedanken
eingiebt, die Philomela zu schänden und die Entdeckung
des Verbrechens durch einen neuen Frevel zu verhüten;
und dieselbe Apate erscheint auf der berühmten Darius-
vase des Museums in Neapel, um das auf seine Ueber-
macht trotzende Asien, das im Begriff ist, gegen Hellas
zu Felde zu ziehen, noch in seiner Verblendung zu bestärken. Alle diese Allegorien sind für den Beschauer
durch Beischriften kenntlich; an zahlreichen andern Darstellungen, wo die Inschriften fehlen, können wir durch
Analogie einzelne Figuren als ähnliche oder die gleichen
Personifikationen psychologischer Affekte deuten. Und
auch anderweitige allegorische Gestalten weiss die Vasenmalerei jener Zeit in geistreicher Weise zu verwenden.
Wenn Paris den Streit der drei Göttinnen entscheiden
soll, erscheint Eris (die Zwietracht), die ihn angefacht
hat, in der Nähe, Aphrodite aber, vom Himeros und
Pothos (s. oben) umgeben, entsendet den Eros zum Paris,
dass er für sie spreche, während in der Nähe des letzteren bereits Eutychia, die in der nächsten Zeit ihm
bevorstehende Glückseligkeit, mit einem Kranze seiner
wartet; und wenn die Dioskuren sich gewaltsam die
Töchter des Leukippos rauben, so flieht die sanfte Peitho,
die Göttin freundlicher Ueberredung, entsetzt von dieser
gewaltthätigen Handlung davon.

In den meisten dieser und ähnlicher Fälle, namentlich aber wo es sich um Figuren wie die Personifikation des Wahnsinnes oder der von Göttern gesandten Verblendung u. dgl. handelt, sind die Vasenmaler nicht die Erfinder derselben, sondern sie nahmen diese Figuren aus dem Drama herüber, welches schon frühzeitig davon Gebrauch macht (die Lyssa, wahnsinnige Wuth, scheint sogar bereits Aeschylos auf die Bühne gebracht zu haben; sie bedienen sich aber dieser Gestalten nicht bloss darum, weil die Vasenmalerei in jener Zeit mehr und mehr vom Drama abhängig wird, wie die frühere es vom Epos war, sondern auch deshalb, weil sie durch derartige Personifikationen gewisse durch den Charakter ihrer Technik und ihres Kunstvermögens bedingte Mängel verdecken können. Denn wenn auch die späteren Vasenmaler sich viel mehr als die des strengen und hohen Stiles bestreben, in die Gesichter der dargestellten Figuren einen bestimmten Ausdruck zu legen, so gelingt ihnen das doch nur in sehr bescheidenem Masse, und daher mussten solche Hilfsmittel, wodurch dem Beschauer die psychologische Stimmung der Hauptperson noch klarer vor Augen geführt wird, sehr willkommen sein, zumal durch die in der Regel beigeschriebenen Namen oder, wo dieselben fehlen, vielfach auch durch die Tracht die symbolische Bedeutung der betreffenden Personifikation dem Betrachter klar gemacht wurde.

Es ist eine nicht mit Sicherheit zu beantwortende Frage, inwieweit auch die Wand- und Tafelmalerei der damaligen Zeit von derartigen Figuren Gebrauch gemacht habe. Was uns von den Werken der hervorragendsten Meister jener Epoche berichtet wird, deutet nicht darauf hin, dass das überhaupt der Fall gewesen sei; erst um die Zeit Alexanders d. Gr. machen sich auch hier ähnliche Tendenzen geltend. So bemerkt Demosthenes einmal gelegentlich, die Maler stellten die Gottlosen im Hades in Begleitung von Ara (Verwünschung), Blasphemia (Schmähung), Phthonos (Neid), Stasis (Zwist) und Neikos (Zank) vor. So malte Apelles auf einem Bilde Alexanders d. Gr. den neben dem Triumphwagen einherschreitenden, gefesselten Kriegsgott; selbstverständlich nicht Ares, sondern Polemos, die Personifikation des Krieges selbst. Aber namentlich zwei berühmte Werke jener Epoche sind es, welche uns das Eindringen der Allegorie in die Kunst ganz besonders deutlich zeigen, und zwar einer Allegorie, welche nicht, wie die meisten der bis dahin in der Kunst verwandten im Volksglauben oder in der Poesie schon vorlag und bei welcher daher die Künstler ein gewisses entgegenkommendes Verständniss von Seiten des Publikums voraussetzen durften, sondern complicirte, ausgeklügelte Allegorien, welche ohne genaue Erklärung ebenso unverständlich waren, wie unsere moderne Programm-Malerei. Diese beiden Werke sind das dem Apelles zugeschriebene Bild der Verleumdung und die Darstellung des günstigen Augenblicks von Lysipp.

Das Bild des Apelles hatte folgenden Inhalt: einem sitzenden Manne mit grossen Midas-Ohren naht sich die Diabole (Verleumdung), ihm die Hand entgegenstreckend; neben ihm stehen Agnoia (Unwissenheit) und Hypolepsis (Argwohn). Diabole ist als schönes, leidenschaftlich erregtes Weib dargestellt, in der Linken eine brennende Fackel tragend, mit der Rechten einen Jüngling bei den

Haaren herbeischleppend, der die Hände zum Himmel erhebend die Götter anruft. Geführt wird Diabole vom Phthonos (Neid), einem bleichen, kränklich aussehenden Manne; es folgen ihr Epibulesis (List) und Apate (Täuschung). Ganz zuletzt beschliesst Metanoia (die Reue), traurig, in schwarzem Gewande, den Zug; sie blickt weinend rückwärts nach der ihr sich nahenden Aletheia (die Wahrheit). Das ist nun allerdings eine höchst eigenthümliche und sehr verwickelte allegorische Vorstellung, von einer Art, wie sie uns bis dahin in der griechischen Kunst noch nicht aufgestossen ist. Denn bis dahin (und auch später noch fast durchweg) finden wir die Allegorie entweder als Einzelgestalt oder mit irgendwelcher andern zu einer einfachen und leicht verständlichen Gruppe vereinigt; oder, und das ist, wie wir gesehen, nicht minder häufig, die allegorische Figur wird mit irgendwelcher heroischen, sterblichen Persönlichkeit gruppirt und zu dieser in ein bestimmtes inneres Verhältniss gesetzt. Hier aber haben wir eine grössere Composition, aus zahlreichen Figuren bestehend, welche alle sammt und sonders allegorisch und unter sich wiederum zu einer Handlung vereinigt sind: also streng genommen eine doppelte Allegorie, insofern nicht nur jede einzelne Figur für sich, sondern auch die Art, wie sie unter einander in Verbindung gesetzt werden, allegorisch ist; in der That eine Programm-Malerei, die jedem Beschauer ohne beigeschriebene Namen (die dem Bilde des Apelles aber fehlten) oder genaue Erklärung völlig unverständlich bleiben musste. Mag dies Bild nun wirklich von Apelles herrühren oder mag es ihm nur von den Fremden-

führern später zugeschrieben worden sein — es fällt uns
schwer, dem anmuthigen Künstler eine solche Geschmack-
losigkeit zuzutrauen —: für den sinkenden Geschmack
der Zeit, in welcher es entstanden, ist es jedenfalls ein
beredtes Zeugniss. Aber als eine fast noch grössere
künstlerische Verirrung muss man jenes andere Werk bezeichnen, den Kairos (günstigen Augenblick), bei welchem
die Autorschaft des Lysipp als völlig unbezweifelt gelten
darf. Ein poetischer Gedanke Homers, dass das Glück
auf der Schärfe des (bei den Alten bekanntlich stark
gebogenen) Schermessers schwebe, wurde hier vom Künstler in der allerunglücklichsten Weise aufgegriffen und mit
allerlei andern symbolischen Attributen vereinigt, um eine
Personifikation des günstigen Augenblickes zu schaffen,
welche trotz des Beifalls, den das Werk bei Zeitgenossen
und Nachwelt gefunden zu haben scheint, als krassestes
Beispiel einer durchaus verfehlten Allegorie bezeichnet
werden kann. Die Darstellung war folgende: der Kairos,
als verschämter Jüngling dargestellt, stand gleich dem
Glück auf einer Kugel, an dem Fusse hatte er Flügel,
das Haupthaar war an der Stirn lang und voll, am Hinter-
kopf kurz und glatt. In der einen Hand trug er ein
Schermesser, in der andern eine Wage. — Es wird einem
jeden auf der Stelle klar sein, welch hervorragender
Unterschied zwischen Allegorien von der Art dieser beiden
letzten Werke einerseits und Gestalten wie Eirene und
Plutos, Eros, Himeros und Pothos, Charis, Tyche u. s. w.
andererseits obwaltet. All die letztgenannten Figuren haben,
wenn sie auch schon nicht mehr Geschöpfe der ursprüng-
lichen Volksphantasie sind, doch noch einen gewissen

Zusammenhang mit der Mythologie; hier aber, bei der Verleumdung und beim Kairos, ist derselbe gänzlich verloren gegangen, hier haben wir es nicht mehr mit Produkten poetisch-religiöser Begeisterung, sondern rein mit Abstraktionen nüchterner Reflexion zu thun. Man hat daher volles Recht, diese beiden, ihrer Entstehung nach vermuthlich ungefähr gleichzeitigen Werke als charakteristische Belege für das Aufkommen einer neuen Richtung in der Kunst zu betrachten.

Freilich sind wir nicht in der Lage, diese Richtung in den nächsten Jahrhunderten zu verfolgen. Unsere litterarischen Quellen über die Werke der griechischen Künstler werden bekanntlich in der alexandrinischen Epoche immer spärlicher; es wird uns zwar eine Menge von Künstlernamen überliefert, aber wenig von ihren Werken, noch weniger von ihren Eigenthümlichkeiten; und obgleich eine sehr beträchtliche Zahl, ja vielleicht die Mehrzahl der uns erhaltenen plastischen Denkmäler gerade dieser Epoche direkt oder indirekt ihre Entstehung verdanken, so sind wir doch nur selten noch im Stande, eine Verbindung zwischen diesen Denkmälern und den schriftlichen Nachrichten herzustellen. Wir können daher auch nicht mit Gewissheit sagen, in welcher Weise die am Beginn dieser Epoche so signifikant auftretende allegorische Richtung der Kunst sich in den folgenden Jahrhunderten weiter entwickelt hat; wenn wir aber aus andern litterarischen und monumentalen Quellen darüber urtheilen wollen, so müssen wir sagen, dass so lange die Kunst noch im Dienste der hellenischen Cultur stand, jene Richtung sich unmöglich stark weiter ent-

wickelt haben kann. Die Motive, denen wir in den
Werken jener·Periode begegnen, sind allerdings beträchtlich anderer Art, als die aus den glänzendsten Perioden der
griechischen Kunst, dem fünften und vierten Jahrhundert;
aber eine irgendwie bedeutende Vorliebe für die Allegorie
vermögen wir in dem uns zugänglichen Material nicht zu
entdecken. Erst die römische Zeit ist es, in welcher diese
schwächste Seite der griechischen Kunst Aufnahme und
Weiterbildung erfährt.

Bevor wir aber zur Betrachtung der Allegorie in der
römischen Kunst übergehen, müssen wir noch einer Klasse
von Darstellungen gedenken, welche wir schon oben ge·
legentlich einmal erwähnt haben und die in der Regel
direkt mit unter die Allegorien gerechnet werden, während
man sie streng genommen unter einem andern Gesichtspunkt betrachten müsste: ich meine die Personifikationen
von geographischen Begriffen, von Himmelskörpern,
Naturerscheinungen u. dgl. m. Die anthropomorphische
Darstellung solcher Dinge ist eigentlich nur nach unserm
heutigen Standpunkte als Allegorie zu bezeichnen, nicht
aber nach dem der Hellenen. Wenn ein so durch und
durch poetisch angelegtes Volk, wie die Griechen, sich
Sonne und Mond als belebte Wesen vorstellen, so ist es
nur ein sehr geringer Schritt weiter, wenn sie auch den
Morgen· resp. Abendstern, einzelne Sternbilder, die Morgenröthe, Tag und Nacht, den Regenbogen, auch die Jahres-
zeiten personificiren; gab es einen Gott und eine Göttin
des Meeres, wie Poseidon und Amphitrite, so ergab sich
auch eine Göttin der Meeresstille leicht, und nahe lag es,
auch die Flüsse, die Wolken, als Götterwesen zu fassen;

verehrte man die Erde als Göttin, so war eine weitere
Theilung in Gottheiten einzelner Länder, Völker, Gegen-
den, Ortschaften etc. ebenso leicht gegeben, wie Personifikationen von Bergen, Höhen, Wiesen u. dgl. Allerdings
finden wir die meisten dieser Figuren in der älteren Poesie
und Kunst noch nicht vor; es ist leicht begreiflich, dass
solche Weiterbildung nur allmählich vor sich ging. Aber
von früh an bis in die späteste Zeit ist es ein Grundsatz
der griechischen Kunst geblieben, die umgebende Natur
nicht als solche, sondern personificirt aufzufassen; wie
man die innern Antriebe der Handlungen, die mannichfaltigen fördernd oder hemmend einwirkenden Verhältnisse, die verschiedenen göttlichen und menschlichen
Gewalten, welche bei irgend einem Vorgange thätig sind,
in menschlicher Gestalt in die Handlung hineinstellte, so
ging man auch darauf aus, den Ort der Handlung möglichst durch derartige anthropomorphische Wesen zu versinnlichen. Wer den Begriff der Allegorie im strengsten
Sinne fasst, für den müssen natürlich auch alle diese
Gebilde Allegorien sein; aber ich habe schon oben darauf hingewiesen, dass wir nicht berechtigt sind, die
Grenzen der Allegorie für die Griechen selbst so weit
zu ziehen. Bei einem Volke mit polytheistischer Natur-
religion will eben die Allegorie etwas ganz anderes besagen, als bei einem monotheistischen. Ich will als Beispiel hier ein sehr schönes und charakteristisches Vasenbild anführen, welches den Sonnenaufgang vorstellt. Ein
moderner Maler giebt uns da eine Landschaft nach der
Natur, mit all den wunderbaren Lichteffekten, welche
der Sonnenaufgang dem Betrachter bietet. Wie aber

fasst der antike Vasenmaler (dem freilich schon seine Technik eine naturalistische Auffassung des Gegenstandes unmöglich gemacht hätte) die gleiche Aufgabe auf? — Mit verhülltem Kopf verschwindet Selene, die Mondgöttin, hinter einem Berge, langsamen Tritts auf einem Rosse reitend; schon eilt die geflügelte Eos heran, die den nahenden Tag verkündende Morgenröthe, ihren Geliebten, den Jäger Kephalos, der von seinen Hunden begleitet ist, verfolgend. Hinter ihr aber steigt mit blitzender Strahlenkrone, auf seinem mit vier feurigen Rossen bespannten Wagen, Helios der Sonnengott in voller Pracht herauf, aus dem Ocean auftauchend, und vor seinen Rossen tummeln sich die Sterne, als muntere Jungen dargestellt, einer nach dem andern in den mannichfachen Situationen kühner Schwimmer und Taucher in's Meer sich stürzend und in den Wogen plätschernd. — Kann man eine solche Vorstellung eine allegorische nennen? Sicherlich nicht! Es ist die anthropomorphisch gefasste Vorstellung eines elementaren Naturvorganges, so reizvoll und anmuthig und dabei so verständlich und klar vorgeführt, wie es nur dem idealen Geist eines griechischen Künstlers möglich war. Es ist keine der schlechtesten Erbschaften, welche die christliche Kunst von der Antike übernahm, dass sie neben so manchen rein abstrakten und wesenlosen Allegorien der römischen Kunst auch die uralten Personifikationen von Sonne und Mond mit hinübernahm. Wir finden sie an dem Bilde des Gekreuzigten am Egsternstein, wir finden ihre Nachklänge in den wunderbaren Gestalten Michelangelos an den Mediceergräbern, ja wir können selbst die prächtigen Schilling'schen Gruppen an der Brühl'schen Terrasse in Dresden in einen, wenn auch vielleicht unbewussten Zusammenhang mit jenen altgriechischen Typen setzen. Sind auch für uns moderne Menschen diese Personifikationen vermöge unserer gänzlich veränderten Naturanschauung zu reinen Allegorien geworden, so wollen wir doch diese Erbschaft der Antike viel lieber beibehalten, als alle die andern aus römischer Reflexion und christlicher Abstraktion hervorgegangenen Schemen.

Denn in der That ist es wesentlich die römische Kunst, welche die in der griechischen Zeit noch immer einen gewissen religiösen oder poetischen Charakter bewahrende Allegorie sich in der krassesten Form aneignet. Der Römer ist eine durchaus praktisch und daher auch wesentlich prosaisch angelegte Natur. Die ganze Litteraturgeschichte der Römer liefert den Beweis dafür, dass poetische Empfindung bei ihnen nicht ursprünglich, sondern etwas mehr Anempfundenes war: schon die Stellung, welche der Römer der Religion gegenüber einnimmt, ist dafür der beste Beleg. Dem Griechen ist seine Religion Herzenssache, der Römer erfasst sie verstandesmässig kühl, vornehmlich als Staatsinteresse. Da nun die eigentliche Allegorie bei weitem mehr dem reflektirenden Verstande, als dem unmittelbar sich äussernden Gemüth ihre Entstehung verdankt, so ist es begreiflich, dass der Römer sich der Allegorie mit einer gewissen Vorliebe bedient und dass diese römische Allegorie grösstentheils einen ganz andern Charakter trägt, als die meisten jener Personifikationen, denen wir in der griechischen Poesie und Kunst begegnet sind. Schon in der Poesie der Römer kann man diesen Unterschied in der Auffassung bemerken. Die griechischen Dichter haben zwar, wie wir gesehen haben, zahlreiche Personifikationen abstrakter Begriffe, namentlich ethischer und psychologischer Art; aber sie begnügen sich in der Regel damit, diese Personifikationen in die Handlung einzuführen oder bloss schlechtweg zu nennen, ohne dass sie darauf ausgingen, dem Leser ein greifbares Bild derselben auszumalen. Das thun aber gerade die römischen Dichter mit Vorliebe. Wenn Virgil uns die Fama (das Gerücht) vorführt, Horaz die Necessitas (die Nothwendigkeit, die Ananke der Griechen), Ovid die Fames (den Hunger), so überlassen sie es keineswegs dem Belieben des Lesers, sich das Bild dieser Personifikationen in ihrer eigenen Phantasie zu gestalten, sie häufen vielmehr eine Menge allegorischer Züge, um nur ja recht deutlich zu sein und all die mannichfaltigen Eigenthümlichkeiten, welche dem betreffenden Begriff anhaften, auch an seiner der menschlichen nachgeahmten Gestalt zur Anschauung zu bringen. Nicht minder bezeichnend ist es, dass die bei den Griechen vorwaltenden Personifikationen psychologischer Affekte in der römischen Kunst, namentlich auf den Darstellungen von Münzen und geschnittenen Steinen, wo wir den allegorischen Figuren am häufigsten begegnen, uns bei weitem seltener entgegentreten, als die objektiven allgemein menschlichen Zustände und Eigenschaften resp. Tugenden. Und auch da, wo der gleiche Begriff von der römischen Kunst personificirt wird, dem wir bereits in der griechischen Kunst begegnen, ergiebt sich meist ein charakteristischer Unterschied, indem die griechische Kunst diesen Begriff in seinem Zusammenhange mit menschlichen Wesen vorführte und dadurch dem Beschauer verständlicher machte, während die römische ihn isolirt, ihn zur Hauptsache macht und durch Beigabe symbolischer Attribute seine Bedeutung zu erläutern sucht. So kommt es denn, »dass jene zahlreichen dämonischen Mächte, denen wir schon in der frühesten Periode der römischen Glaubensgeschichte begegnen, selbst wenn sie anfangs noch mit dem Gepräge einer naiven und alterthümlichen Frömmigkeit auftreten, doch wesentlich Produkt der Reflexion und Abstraktion sind, und dass, je mehr der alte Naturglaube schwindet, auch diese Schöpfungen immer nüchterner werden und zuletzt zur blossen Convention einer halb politischen halb pantheistischen Religiosität herabsinken« (Preller). Eine Aufzählung dieser zahlreichen allegorischen Gestalten zu geben, hat für uns keinen Zweck; die reichste Ausbeute dafür geben die Münztypen. Indessen ist auch die Skulptur, wie begreiflich, davon nicht unberührt geblieben, und wir haben ein interessantes Beispiel davon an dem bekannten Relief mit der Apotheose des Homer, das zwar von einem griechischen Künstler (Archelaos aus Priene) verfertigt worden ist, aber wahrscheinlich der ersten Kaiserzeit seine Entstehung verdankte. Während wir hier in den obern Abtheilungen der in verschiedene Stockwerke gesonderten Darstellung Zeus, die Musen und Apollo erblicken, stellt die untere, mit griechischen Inschriften versehene Reihe die Huldigungen dar, welche dem Homer gebracht werden. Den thronenden Dichter, neben welchem die Gestalten der Ilias mit einem Schwert und der Odyssee mit einem Schiffsschnabel knieen, bekränzt Oikumene, die

Welt, während Chronos, die Zeit, seine Werke empor-
hält. Vor Homer steht ein Altar mit dem Opferstier da-
hinter; der Mythos, als Tempelknabe dargestellt, hält
Opferschale und Kanne. Von der andern Seite naht
Historia, die Geschichte, und streut Weihrauch in die
Flamme des Altars; ihr folgt, zwei Fackeln erhebend,
Poiesis, die (epische) Dichtkunst, weiterhin Tragödie
und Komödie, den rechten Arm mit begeistertem Zuruf
erhebend. Am Ende sehen wir in einer Gruppe vereinigt Physis, die Natur, in kindlicher Bildung, Arete,
die Tugend, Mneme, die Erinnerung, Pistis, die Wahr-
haftigkeit, und Sophia, die Weisheit. — Mit vollem
Recht hat man bemerkt, dass die Composition dieser
Apotheose ohne die beigeschriebenen Namen selbst von
einem Griechen nicht würde verstanden worden sein, da
unter den Figuren kaum eine ist, welche in der früheren
Zeit durch die Kunst eine typische Ausbildung erhalten
hatte, ja von den meisten behauptet werden kann, dass
sie einer solchen überhaupt nicht fähig sind, es sei denn,
dass man dafür eine rein allegorische Darstellungsweise
gelten lassen wollte, welche sich mit gewissen conventionellen Zeichen begnügt (Brunn). So geschickt daher
auch die Gestalten, welche dem Homer huldigen, ausge-
wählt sind, so ist das Ganze doch nicht, wie man es
bei einem Kunstwerk zu fordern berechtigt ist, eine
Schöpfung der Phantasie, sondern rein ein Produkt des
grübelnden Verstandes, welches freilich nach dem, was
wir oben bemerkt haben, schon ebenso gut der alexandrinischen, wie der römischen Epoche seine Entstehung
verdanken könnte, wenn nicht gewichtige Gründe mehr

für letztere sprächen. — Immerhin ist auch unter den Werken der specifisch römischen Kunst die Zahl der wirklich allegorischen Darstellungen, wenn man von den schon berührten Darstellungen der Münzen absieht, geringer, als man nach der grossen Zahl allegorischer Gestalten im römischen Glauben erwarten sollte. In der statuarischen Kunst haben sich nur wenig allegorische Typen dauernd eingebürgert, und diejenigen Denkmäler, welche man als die am meisten charakteristischen Erzeugnisse griechisch-römischer Skulptur betrachten darf, die Sarkophagreliefs, zeigen meist mythische Scenen oder Vorgänge des täglichen Lebens, nur ganz vereinzelt begeben sie sich auf allegorischen Boden, wie z. B. bei den der Erklärung so manche Schwierigkeit darbietenden Prometheus-Sarkophagen, in denen die seltsame Verquickung mythischer, allegorischer und philosophischer Elemente bereits als eine Uebergangsstufe zwischen heidnischer und christlicher Kunst betrachtet werden darf.

Werfen wir, ehe wir weiter gehen, noch einmal einen recapitulirenden Blick auf den Gebrauch der Allegorie in der Kunst der Alten, so finden wir, dass dieselbe in der besten Zeit der Kunst nur vereinzelt und auch da meist in einer Weise hervortritt, welche sie als direkt aus poetischen und dem Volke vertrauten Anschauungen hervorgegangen erscheinen lässt. Wenn dann in der nächsten Zeit die allegorischen Personifikationen, namentlich psychologischer Affekte u. dgl., häufiger werden, so behalten auch diese zunächst ihren poetischen Charakter bei und die Künstler suchen weniger durch Beifügung symbolischer Attribute ihre Figuren dem Beschauer klar

zu machen, als indem sie den der Figur zu Grunde
liegenden Begriff möglichst im Charakter der Figur selbst
wiederzugeben bestrebt sind. Die Vasenmalerei aber,
welche nicht im Stande ist, feine psychologische Nuancen
wiederzugeben, sieht sich allerdings genöthigt, die Bei-
schrift zur Deutung solcher Figuren zu Hilfe zu nehmen,
zeigt aber doch auch in der Auswahl sowie Behandlung
dieser Gestalten meist feinen Takt und poetische Empfindung. Erst von der alexandrinischen Zeit an, wo das
poetische Empfinden theils einem nüchternen Reflektiren,
theils einem Spielen mit gelehrten Reminiscenzen Platz
zu machen beginnt, tritt auch die Allegorie in ihrer
krassesten, frostigsten Form auf; und indem sie von den
Alexandrinern übergeht in die römische Kunst, erringt
sie sich in den letzten Perioden der antiken Kunst ein
festes Bürgerrecht, aber ohne dadurch populär zu werden;
vielmehr bleibt sie gewissermassen eine Prärogative der
Gebildeten, besonders der höfischen Kunst und der
officiellen Bildersprache, während dem Volke nur die
Gestalten seiner alten Götter oder in den letzten Jahrhunderten der Kaiserzeit die neu aufgenommenen der
fremden orientalischen Gottheiten vertraut sind.

Wir haben die Stellung der Allegorie in der bildenden Kunst der Alten etwas ausführlicher besprechen
müssen, weil noch vielfach die, wie wir nachgewiesen zu
haben glauben, irrige Meinung verbreitet ist, dass die
Allegorie in der Kunst der Alten überhaupt ganz gewöhnlich gewesen und von den besten Meistern nicht
verschmäht worden sei; wir können uns nun bei Darlegung der Stellung, welche die Allegorie in der christ-

lichen Kunst einnimmt, etwas kürzer fassen, da hier nur auf allbekannte Thatsachen aufmerksam zu machen ist. — Der enge Zusammenhang, in welchem bei den Griechen die Allegorie mit Religion und Cultus gestanden, hatte sich, wie wir gesehen, schon in der römischen Zeit sehr gelockert; in der christlichen Zeit hört dieser Zusammenhang selbstverständlich ganz auf. Im christlichen Himmel ist neben der Dreieinigkeit nur noch für Engel, Heilige und Selige, für allegorische Persönlichkeiten aber kein Platz. Dessen ungeachtet nimmt die christliche Kunst gerade diese Gestalten mit Vorliebe aus der Antike herüber. Der Grund davon ist nicht schwer zu erkennen. Die christliche Kunst entstand nicht, wie die so mancher anderer Völker, aus sich selbst heraus; sie lehnte sich an das an, was sie als gegeben vorfand, und that das ebenso in technischer Hinsicht, wie in Bezug auf die Art der Darstellung. Da konnte man denn nun von den eigentlich mythologischen Gestalten der heidnischen Kunst wenig Gebrauch machen. Zwar manche Typen liessen sich mit einigen Variationen benutzen. Der Typus des widdertragenden Merkur war ohne Schwierigkeit auf Christus als guten Hirten, mit dem verlorenen Schaf auf den Schultern, zu übertragen; der von seinen wilden Thieren umgebene Sänger Orpheus liess sich allenfalls auch noch herübernehmen als ein Sinnbild der durch Christi Lehre bezwungenen wilden und thierischen Leidenschaften der Seele. Bedenklicher schon war es, wenn die muntere bacchische Götterwelt Aufnahme fand und ebenso christliche Gräber schmückte, wie früher die heidnischen Sarkophage; eine Licenz, die sich jedenfalls schwerer

rechtfertigen liess, als wenn man die oft ziemlich frei
dargestellte Gruppe von Amor und Psyche auf christlichen Kunstwerken anbrachte, da hier der tiefere Grund-
gedanke von der Unsterblichkeit der Seele sich mit der
christlichen Dogmatik wohl vereinigen liess. Aber mit
dem wesentlichsten Bestandtheil der antiken Idealtypen,
mit den Hauptgöttern des Olymp, wusste das Christenthum nichts anzufangen; und obgleich die Kirche selbst
keineswegs die Existenz dieser Wesen leugnete, vielmehr
ihnen ruhig noch ein Plätzchen, wenn auch freilich nur
unter den Teufeln, gönnte, so war es doch nicht möglich,
ihnen in dieser unholden Eigenschaft ihre alte bestrickende
Gestalt zu belassen; man stellte sie überhaupt nicht
dar, nur der ziegenfüssige Begleiter des Bacchus kam
später zu der Ehre, das Vorbild für die Teufelsgestalt
abzugeben. Eher hätte die Kunst von jenen Göttertypen Nutzen ziehen können, wenn sie dieselben zur
Darstellung von Persönlichkeiten des neuen Glaubens
verwandt hätte; Jupiter würde ja wohl für die Gestalt
Gottvaters brauchbar, Juno allenfalls auch für Maria
zu verwenden gewesen sein. Aber auch davon musste
sich die Kunst fern halten, und zwar aus religiösen Gründen; eine derartige Benutzung heidnischer Typen für die
höchsten Gestalten des Glaubens galt damals als Gottes-
lästerung, und die Sage erzählte, einem Maler, der im
Auftrage eines Heiden das Bild Christi unter der Gestalt
des Jupiter gemalt habe, seien beide Hände verdorrt. Erst
die in dieser Hinsicht weniger an religiöse Skrupel gebundene
Kunst der Renaissance hat es gewagt, direkt antike Vor-
bilder für christliche Persönlichkeiten zu verwenden und

wirklich eine Juno zu einer Maria, einen indischen Bacchus
zu einem Hohepriester u. dgl. umzugestalten (Nicola Pisano
an der Kanzel im Baptisterium zu Pisa). Da sich nun die
Kunst in dieser Weise eingeschränkt sah, so nahm sie um so
lieber dafür zwei Gattungen überirdischer Wesen auf: die
allegorischen Personifikationen von Tugenden, Lastern
u. dgl., und die Personifikationen der belebten Natur. Jene
Figuren der Beharrlichkeit, Gerechtigkeit, Stärke u. s. w.,
wie sie die letzten Jahrhunderte der Römerzeit mit Vorliebe geschaffen hatten, involvirten ihrem Wesen nach
keinen Widerspruch mit der christlichen Anschauung;
schon den Römern waren sie eigentlich keine individuell
gedachten Wesen, sondern blosse Abstraktionen gewesen,
in ihrer Idee trat der heidnische Polytheismus zurück
gegen eine allgemeine, auch mit dem Christenthum wohl
verträgliche Moral; und wer etwa daran hätte Anstoss
nehmen wollen, dass hier etwas dem Christenglauben
Fremdes eingeführt werde, dem gegenüber hatte man
immer noch den wirklich bisweilen ergriffenen Ausweg,
diese Gestalten den zahlreichen und die mannichfaltigsten
Funktionen verrichtenden Engelscharen einzureihen. Selbstverständlich aber genügten die vom Heidenthum übernommenen Personifikationen nicht lange; und da, wie die
Kunst, so auch die lateinische Poesie des Mittelalters
sich dieser Figuren bemächtigte und an Stelle des ihnen
verwehrten mythologischen Personals allegorisches setzte,
so wurde die Menge dieser Abstraktionen nach den man-
nichfachsten Seiten hin bald in's Unendliche vermehrt.
Den Personifikationen der Tugenden gegenüber traten
die der Laster; Christenthum und Judenthum, Glaube und

Gesetz, die Kirche, die Religion, später im Gegensatz
dazu die Ketzerei u. s. w. — alles das liess sich in bequemer
Weise verwenden und erhielt einen im Lauf der Zeit
mehr oder weniger bestimmt ausgeprägten Typus. Weniger
leicht liess sich die, obgleich in noch bei weitem um-
fangreicherem Masse erfolgte Aufnahme der heidnischen
Naturpersonifikationen in den Kreis der christlichen Vorstellungen rechtfertigen; hier machte es in der That nur
die ganze Naivetät jener Zeit möglich, dass Gestalten
wie Sonne und Mond, Erde und Meer, Flussgötter, Jah-
reszeiten, Windgötter u. dgl. so ohne weiteres in den
Kreis der christlichen Vorstellungen mit herübergenom-
men wurden. Seltsam und fremdartig erscheinen diese
Figuren in ihrer neuen Umgebung dem modernen Beschauer, für dessen historisches Bewusstsein eine solche
Verbindung heidnischer und christlicher Elemente etwas
Störendes hat; aber der mittelalterliche Mensch nahm
sie als etwas Selbstverständliches hin, die Gewöhnung
an allegorische Personifikationen erleichterte ihm das Verständniss dieser selbstverständlich nie als real, sondern
immer symbolisch gefassten Gestalten: obgleich diese
symbolische Auffassung nicht hindert, dass Sonne und
Mond über den Tod des Erlösers Thränen vergiessen,
der Jordan in Gestalt eines antiken Flussgottes bei
der Taufe Christi das Trockentuch hält, oder bei Darstellung von Christi Meerfahrt die Windgötter kräftig aus
den Wolken herabblasen. Denn von vornherein fand
man nichts Anstössiges darin, allegorische Gestalten in
handelnde Verbindung zu setzen mit Persönlichkeiten
der biblischen Geschichte, mit Heiligen u. s. w. Freilich

geschah das zunächst noch in bescheidener Form; erst in den letzten Jahrhunderten des Mittelalters, wo sich neben der traditionellen und durch entsprechende neue Gestalten vermehrten Symbolik noch eine neue Art Allegorie entwickelt, deren charakteristisches Kennzeichen eine Verbindung scholastischer und poetischer Elemente ist, erst da finden wir jene figurenreichen, complicirten Darstellungen, welche uns heutzutage so wunderlich geschmacklos erscheinen, der damaligen Zeit aber als Inbegriff aller Poesie und Kunst galten. In keiner Epoche der christlichen Kunst hat sich die innige Wechselwirkung zwischen Poesie und bildender Kunst so deutlich gezeigt, als in der Spätzeit des Mittelalters. In der Poesie der vorhergehenden Epoche hatte sich die Allegorie zwar erhalten, aber mehr in der gelehrten lateinischen Kunstpoesie, als in der Volksdichtung; und daher ist ihre Wirkung auf das Volk auch nur eine verhältnissmässig geringe gewesen. Da trat eine Aenderung ein im dreizehnten und vierzehnten Jahrhundert, indem nun die Allegorie, und zwar in ihrer schlimmsten, abstraktesten Art, die allgemeine und bewunderte Form der poetischen wie prosaischen Redeweise wurde. Es würde uns zu weit führen, hier die Gründe dieser Erscheinung darzulegen, Schnaase hat das in seiner Kunstgeschichte in äusserst anziehender Weise gethan. Das berühmteste Beispiel aus der Litteratur dieser Gattung ist der Roman de la Rose, in dem alle handelnden Figuren Allegorien sind, eine Liebesgeschichte in abstrakter Form. Das für die gleiche Richtung in der Kunst fruchtbarste Werk aber ist Dantes göttliche Komödie, in der freilich ebenso wie bei den andern italienischen Dichtern jener Zeit die Allegorie nicht bloss auf der Verwerthung und Versinnlichung scholastischer Begriffe beruht, sondern auch durch das Bestreben veranlasst war, den antiken mythologischen Gestalten, denen man damals, als erstes Zeichen der Wiederbelebung des klassischen Alterthums, sich aufs neue zuzuwenden begann, Raum und Berechtigung in der christlichen Anschauung und Dichtung zu verschaffen. Was in der Poesie dem Zeitgeschmack zusagte, wurde in gleicher Weise in die Kunst übertragen. Ich brauche hier nur hinzuweisen auf die bekannten Gemälde Giottos in S. Francisco zu Assisi, wo die drei Gelübde des Heiligen zur Armuth, zur Keuschheit und zum Gehorsam in figurenreichen allegorischen Compostionen dargestellt sind, bei deren erster — der Vermählung des h. Franciscus mit der Armuth — der gleiche bei Dante ausgeführte Gedanke vom Maler zu Grunde gelegt wurde. Hier haben wir also nicht bloss vereinzelte Personifikationen oder Allegorien, sondern verwickelte allegorische Handlungen; und auch die Kunst Giottos hat nicht vermocht, diese wüste Häufung von allerlei Tugenden und Lastern, welche da zu einer tiefsymbolischen Haupt- und Staatsaktion vereinigt erscheinen, anziehend zu machen, trotz mancher gemüthvoller und poetischer Beziehungen, die der Künstler hineinzulegen gewusst hat. Allein weder Giotto noch den andern Malern jener Zeit, welche allegorische Motive darstellen, dürfen wir daraus einen Vorwurf machen: diese Sujets haben sich ja die Künstler nicht freiwillig gewählt, sie entsprachen dem Geschmack der damaligen Zeit und wurden daher in dieser Weise von ihren Auftraggebern bei ihnen bestellt. Während aber die meisten Künstler sich damit begnügten, wenn sie derartige Personifikationen darzustellen hatten, irgendwelche schöne Frauengestalt, die alles mögliche vorstellen konnte, zu malen und ihr die betreffende Bedeutung nur durch ein symbolisches Attribut und die entsprechende Unterschrift zu verleihen, zeigte sich Giotto namentlich in den in der Arena zu Padua dargestellten Figuren der Tugenden und Laster als einen wahren Künstler und Meister der Charakteristik, indem er den meist sehr gelungenen Versuch machte, die betreffenden Gestalten, namentlich die der Laster, in lebendiger Weise durch den ihnen gegebenen Ausdruck als das zu kennzeichnen, was sie vorstellen sollen. Und gerade dadurch, durch diese vollendete und von dem allgemeinen Schlendrian abweichende Darstellungsart legte er zugleich die ganze Hohlheit dieser Allegorien unbemerkt klar an den Tag. Denn seine Laster sind nicht mehr allegorische Personifikationen, sondern der Wirklichkeit entsprechende Darstellungen von Personen, die mit diesen Lastern behaftet sind, eine verzweifelnde Frau, ein gewaltthätiger Mann, ein jähzorniges Weib u. s. f. Selbst die Beigabe symbolischer Attribute oder einzelne Abweichungen von der menschlichen Gestalt vermögen es nicht ganz, diese Darstellungen auf das Niveau alltäglicher Allegorien herabzudrücken.

In ein anderes Verhältniss tritt die Allegorie zur Kunst mit dem Auftreten der Renaissance. Da die Kunst bis dahin vornehmlich im Dienste der Kirche gestanden hatte, so hatte sie ihre Aufgaben von derselben empfangen; und da die Kirche wesentlich nur den Wunsch hatte, den allgemeinen Inhalt ihrer Lehre entweder in Darstellungen der biblischen und heiligen Geschichte oder in scholastischen Allegorien zu veranschaulichen, so war damit auch für die Meister der Kreis von Vorstellungen vorgeschrieben, innerhalb dessen sie sich zu bewegen hatten. In diese Verhältnisse bringt das Wiederaufleben der Antike eine Veränderung. Allerdings ist der Künstler nicht in der Lage, von der kirchlichen Tradition sich zu trennen; seine Stoffe bleiben im wesentlichen dieselben, nur dass die complicirten allegorischen Handlungen mehr verschwinden: aber er stellt sich jetzt der Tradition freier gegenüber, und indem er theils auf das Studium der Antike, theils auf die Natur selbst als die beste Lehrmeisterin zurückgeht, schafft er für den alten Inhalt eine ganz neue Form. An diesem neuen Leben erhält denn auch die Allegorie ihr Theil; Gestalten, wie Rafaels Fakultäten, seine Stärke, Weisheit und Mässigung, seine Tagesstunden, oder wie Michel Angelos grandiose Figuren an den Mediceer-Gräbern lehren deutlich, wie selbst die verbrauchtesten Allegorien durch neue Auffassung zu einer vorher ungeahnten Höhe geistiger Bedeutsamkeit erhoben werden konnten. Aber es ist im allgemeinen doch nur der Genius einiger weniger gottbegnadeter Meister, welcher diesen an sich wesenlosen Gestalten den Schein warmen Lebens einzuhauchen vermag. Denn während die folgende Zeit uns gegenüber der Frührenaissance wieder ein stärkeres Ueberhandnehmen der Vorliebe für die Allegorie zeigt, ist nicht zu verkennen, dass alles, was auf diesem Gebiete geschaffen wird, und

wenn es selbst von Meisterhand herrührt, in Gedanke
wie in Ausführung deutlich verräth, wie sich diese ganze
im Mittelalter nur künstlich erhaltene Richtung vollständig überlebt hat und zu einem abgeschmackten Spiele
geworden ist. Die Skulptur, deren Bedeutung bekanntlich
in der christlichen Kunst seit der Mitte des fünfzehnten
Jahrhunderts überhaupt sehr stark gegen die der Malerei
zurücktritt, bleibt im allgemeinen bezüglich der Allegorie
in dem gleichen Kreis der durch die Tradition überkommenen Vorstellungen. Immer und immer wieder sind
es wesentlich die Gestalten der Tugenden, Glaube, Liebe,
Hoffnung, die Caritas u. s. w., denen wir an den wichtigsten plastischen Werken jener Zeit, den Grabmälern,
begegnen; meist schöne Frauengestalten, die aber nur
an ihren Attributen erkannt werden können. Wo die
Skulptur freier sich bewegen kann und sich nicht an
kirchliche Dogmen gebunden sieht, da zieht sie es nicht
selten vor, die traditionelle Allegorie zu verlassen und dafür Ersatz bei der Antike zu suchen, wie z. B. wenn am
Grabmal eines gefeierten Arztes der Verstorbene seine
Vorlesung in Gegenwart von Apollo und Hygieia an-
gesichts einer Statue der Minerva hält, wenn um sein
Krankenbett die Parzen stehn und die Angehörigen
Thieropfer für seine Genesung darbringen, wenn nach
dem Tode Charon ihn an der Pforte der Unterwelt er-
wartet, Gorgonen, Chimären und andere klassische Ungeheuer ihn bedrohen u. s. w. Hier macht sich eine
Tendenz geltend, welche von nun an anfängt, in der
Kunst immer mehr Boden zu gewinnen; indem nämlich
die Allegorie aufhört, vornehmlich ein Eigenthum der

Kirche zu sein, indem sie also mehr und mehr auch in die Profankunst übergeht, zieht sie zu dem alt überkommenen allegorischen Apparat des Mittelalters nun auch die neu auferstandene antike Götterwelt herbei. Und da diese Götterwelt für sie ja nicht die Bedeutung individueller Persönlichkeiten annehmen kann, so wird auch diese wesentlich in symbolischer Bedeutung gebraucht. So wird denn die Gesellschaft der Tugenden und Laster, der Religion und Ketzerei etc. bereichert durch die zahlreichen Gestalten des Olymps, wobei Mars den Krieg, Apollo die Musik und Poesie, Venus die Schönheit, Diana die Keuschheit u. s. f. repräsentiren: in der That ein sehr zweifelhafter Gewinn, da diese Gestalten den Zeitgenossen trotz der nunmehr überhandnehmenden klassischen Bildung immer fremder bleiben mussten, als die durch jahrhundertelange Uebung und Anschauung ihnen vertrauten Personifikationen. Mit Recht sagt Burckhardt von der profanen und halbkirchlichen allegorischen Skulptur jener Zeit: »es fehlte ihr die innere Nothwendigkeit, sie war und blieb ein. ästhetisches Belieben der Gebildeten jener Zeit, nicht eine nothwendige Aeusserung eines allverbreiteten mythologischen Bewusstseins.« Allerdings hat die Malerei von dieser Vermengung christlicher und mythologischer Allegorien einen viel umfassenderen Gebrauch gemacht, als die Plastik; dafür aber sind die Abwege, auf welche letztere in den folgenden Jahrhunderten, dem Zeitalter des Barockstiles geräth, noch viel schlimmer. Sie geht nämlich darauf aus, vornehmlich an den Prachtgräbern und Altären, nicht allein, womit die frühere Skulptur sich begnügt hatte, die Tugenden oder sonstigen allegorischen Figuren ruhig stehend oder gelagert anzubringen, sondern sie versetzt sie in lebhafte, bald auf den mitdargestellten Todten, bald aufeinander selbst bezügliche Aktion. Bernini und seine Schule, welche die Skulptur bis tief in das achtzehnte Jahrhundert hinein beherrscht, sind die Schöpfer dieser dramatischen Scenen in Marmor, bei denen die allegorischen Gestalten der Tugenden sich gar nicht mehr wie verständige Repräsen-tantinnen so hoher Begriffe, sondern wie nervöse, ja mit-unter wie epileptische Weiber geberden, indem sie mit der jener Kunstrichtung eigenthümlichen Uebertreibung in Affekt und Pathos um den Todten jammern, lamentiren, verzückt zu ihm aufschauen oder mit den ihnen entgegen-gesetzten Repräsentantinnen des Bösen, die, um den Gegen-satz recht krass zu machen, meist noch dazu als häss-liche alte Weiber gebildet werden, wahre Schlachten auf-führen: wie wenn die Religion die Ketzerei, der Glaube die Abgötterei niederwirft, Scenen, die manchmal an Prügeleien unter Waschweibern erinnern. Eine der schlimmsten Errungenschaften, welche die plastische Alle-gorie der damaligen Zeit ebenfalls Bernini verdankt, ist die Einführung der widerwärtigen, nur in den älteren, mit einem gewissen Humor behandelten Todtentänzen er-träglichen Figur des Todes als Skelett in diese Grabes-scenen. — Es sind nicht allein die italienischen Bild-hauer, obschon diese allerdings vorwiegend, welche wie im Stil so auch in der Erfindung gänzlich in die Fuss-tapfen Berninis treten; seine Richtung ist die Signatur auch der ausseritalienischen Skulptur, namentlich der französischen, bis tief in's achtzehnte Jahrhundert hinein.

Ich will hier nur noch das bekannte Denkmal des Marschalls Moritz von Sachsen anführen, von Pigalle, in der
Thomaskirche in Strassburg. Der Marschall schreitet in
ruhig-würdiger Haltung die in das offene Grab führenden
Stufen hinunter; Frankreich, eine schöne Frauengestalt,
sucht ihn vergebens zurückzuhalten; schon wartet seiner
an dem offenen Sarge der Tod, ein durch ein Leichentuch
nur spärlich verhülltes Skelett. Dabei steht Herkules
weinend, und die Wappenthiere von Holland, England
und Oesterreich (Löwe, Leopard und Adler) stürzen entsetzt vor dem Helden davon. Wenn dies Werk trotz
der durchaus malerischen Behandlung und Effekthascherei
doch noch weniger unerfreulich wirkt, als ähnliche Grabmäler der italienischen Skulptur, so liegt das an der
würdigeren Durchführung einzelner Figuren, wie namentlich der Gestalt des Marschalls selbst. Ueber jene ganze
Richtung aber lässt sich nichts besseres sagen, als was
Burckhardt in seinem Cicerone darüber urtheilt, dessen
Worte ich hierherzusetzen mich nicht enthalten kann.
»Diese Gedankenwesen,« sagt er in Bezug auf jene allegorischen Figuren des Barockstiles, »geboren von der
Abstraktion, haben eben ein zartes Leben. Selber Prädi-
dikate, sind sie wesentlich prädikatlos und vollends
thatlos. Der Künstler darf sie zwar als Individuen darstellen, welche dasjenige empfinden, was sie vorstellen,
allein er muss diese Empfindung nur wie einen Klang
durch die ruhige Gestalt hindurchtönen lassen. Statt
dessen zieht die Barockskulptur sie unbedenklich in das
momentane Thun und in einen Affekt hinein, der sich
durch die heftigsten Bewegungen und Geberden zu äus-

sern pflegt. Nun ist es schon an und für sich nichts
Schönes um Idealfiguren dieses Stiles; wenn sie aber
auffahren, springen, einander an den Kleidern zerren,
aufeinander losschlagen, so wirkt dies unfehlbar lächerlich. Alles Handeln und zumal alles gemeinschaftliche
Handeln ist den allegorischen Gestalten untersagt; die
Kunst muss sich zufrieden geben, wenn sie ihnen nur
ein wahres Sein verleihen kann.« — Wenn sich die
deutsche Skulptur verhältnissmässig noch am freiesten von
diesen Auswüchsen erhalten hat, so liegt das freilich zum
Theil daran, dass ihr nur selten Aufträge zu Theil wurden, welche eine derartige Entwicklung allegorischen
Pompes gestatteten, wie die Gräber der Päpste, Dogen u. s. w.
In kleineren Denkmälern, dergleichen man in deutschen Kirchen häufig findet, spielen zwar auch die Allegorien im Geschmack Berninis und die beliebten Mar-
morwolken eine Rolle; aber eben weil sie nur selten
mit der Prätension kolossaler Dimensionen auftreten,
wirken sie weniger abstossend. Vor allem aber müssen
wir hier daran erinnern, dass es der Genius eines deutschen Bildhauers war, welcher mitten in der Zeit der
Unnatur, einsam wie ein Riese über alle seine Kunst-
genossen emporragend, seine eigenen Wege ging und
Werke schuf, die dem Höchsten zur Seite zu stellen sind,
was die christliche Skulptur überhaupt geschaffen: Andreas
Schlüter. Keine Allegorien, wie sie ein romanischer
Künstler gewählt haben würde, sondern ergreifende
Schöpfungen eines auf idealem Boden wurzelnden Realis-
mus sind seine herrlichen Köpfe sterbender Krieger im
Berliner Zeughause; und wenn auch sein grosser Kur-

fürst, wie es ja die damalige Zeit verlangte, im römischen Harnisch und mit der Allongenperrücke auf seinem mächtigen Schlachtross sitzt, wenn auch die ihn umgebenden gefesselten Sklaven in gewissem Sinne als symbolische Figuren bezeichnet werden müssen — welcher Abstand dennoch zwischen dieser Verherrlichung des grossen Herrschers und Feldherrn und den mythologisch-allegorischen Gestalten, durch welche die gleichzeitige französische Kunst die Heldenthaten ihres vierzehnten Ludwig apotheosirte! Diesem Denkmal gegenüber fühlen wir zum ersten Male in der Kunst jener Jahrhunderte den Pulsschlag einer neuen Zeit.

Dass die Malerei wie im Mittelalter so auch weiterhin der Allegorie treu blieb, das darf nach der Bedeutung, welche letztere in der Skulptur, der Poesie und selbst im Leben der neuen Zeit erhalten hatte, nicht Wunder nehmen; immerhin aber nimmt sie, zunächst wenigstens, unter den Motiven der Künstler eine verhältnissmässig viel niedrigere Stelle ein, als in der Plastik, weil die Malerei eben ein viel umfangreicheres Gebiet hat, als die Skulptur. Es giebt zwar kaum einen bedeutenderen Maler der Renaissance und der folgenden Zeit, welcher nicht auch Allegorien gemalt hätte; und es ist bezeichnend für die mythologische Wendung, welche die Allegorie nimmt, dass gerade jene unglücklichsten Allegorien der Alten, der Kairos des Lysipp und die Verleumdung des Apelles, mehr als einmal um jene Zeit von Malern zum Sujet gewählt wurden (Battista Franco, Taddeo Zucchero, Francesco de' Salviati, Sandro Botticelli, Rafael, Albrecht Dürer u. A.). Aber die Malerei erreicht in jenen Jahr-

hunderten nach Michelangelo eine ganz andere Blüthe, als
die Skulptur, und daher machen denn auch ihre allegorischen
Darstellungen einen ganz andern Eindruck als die eben
besprochenen plastischen. Ich habe schon oben darauf
hingewiesen, in welcher tief gedankenvollen Weise Rafael
die, im Verhältniss zu seinen andern Werken freilich verschwindend kleine Zahl allegorischer Gestalten aufgefasst
hat; ich will hier nur weiter darauf aufmerksam machen,
wie selbst ganz verzwickte und complicirte Allegorien
Dürers, mit reicher Häufung von allerlei symbolischen
Attributen, doch auf uns einen eigenthümlichen Reiz ausüben wegen der psychologischen Wahrheit, mit welcher
der Meister seine Aufgabe erfasste (Ritter, Tod und Teufel,
Melancholie, Verleumdung, Triumphwagen Maximilians
u. a.). Die Allegorien venezianischer und anderer italie-
nischer Meister dagegen (wie z. B. Tizians Amore sacro
ed Amore profano) lassen uns trotz der gleichfalls nicht
gesparten Symbole durch ihre tief poetische Behandlung
vielfach vergessen, dass ihnen ein allegorischer Sinn zu
Grunde liegt, so dass wir uns an der himmlischen Schönheit erfreuen, ohne über ihren Sinn weiter zu grübeln.
Aber nicht das gleiche kann man sagen von den allegorischen Schöpfungen der nächsten Epoche. Im siebzehnten
Jahrhundert wird die Malerei von der gleichen Tendenz
nach grossartigen, auch räumlich ausgedehnten und figurenreichen allegorischen Compositionen ergriffen, wie die
Skulptur, und je mehr, in Folge ihrer Technik, Mittel
für eine beliebige Zahl von Figuren und für die kühnsten
Verbindungen ihr zu Gebote stehn, um so mehr schwelgt
sie nun auch darin. Wenn in der Plastik es wesentlich

die Grabmäler sind, an denen die Allegorie sich breit
macht, und wenn daher dort vornehmlich christliche
Allegorien vorgeführt werden, so stehen der Malerei
behufs der allegorischen Verherrlichung grosser Geschlech-
ter oder Fürsten die Wände und Decken der Paläste zur
Disposition; und da sie hier auf profanem Boden steht,
so folgt sie der Richtung jener Zeit, in welcher mythologische oder sonstige gelehrt-antike Anspielungen für
etwas ganz besonders feines galten, und zieht nun
den ganzen Olymp in ihren Kreis, natürlich mit den
symbolischen Bedeutungen der einzelnen Gottheiten. —
Wir lachen heute, wenn wir in den Gedichten des
17. Jahrhunderts lesen, wie da bei der Geburt eines
Bürgersöhnchens oder bei der Hochzeit eines ehr-
samen Rathsherrn mit der tugendbelobten Jungfrau
So und So Jupiter und Juno, Venus, Minerva, die Gra-
zien, die Parzen und Gott weiss wer noch alles feierlich
aufgefordert wird, zu erscheinen und durch ihre Gegenwart jenes wichtige Fest zu verherrlichen; aber es ist um
kein Haar weniger lächerlich, wenn dieser selbe mythologische Apparat für irgend ein gekröntes Haupt in Bewegung gesetzt wird. Wenn wir den Palazzo Pitti in
Florenz durchwandern und die Deckengemälde des Pietro
da Cortona daselbst betrachten, so finden wir da Cosimo I.
in allen nur denkbaren Verbindungen mit mythologischen
und allegorischen Persönlichkeiten. Minerva nimmt den
jungen Fürsten von der Venus in Empfang und führt
ihn zum Herkules; der Kriegsgott und die Klugheit präsen-
tiren ihn dem Saturn; Herkules und Fortuna führen ihn
zum Jupiter, der ihm den Kranz der Unsterblichkeit ver-

leiht; Ruhm und Tugend geleiten ihn zum Apollo u. s. f.
Im gleichen Geschmack ist der grosse Cyklus, durch welchen
Rubens das Leben der Maria von Medici verherrlicht
hat (ursprünglich im Luxembourg, jetzt im Louvre), ähnlich die Bilder, durch die Lebrun im Auftrage Ludwig XIV.
dessen Heldenthaten glorificirte (im Louvre). Derartige
Bilder sind nur dann noch erträglich, wenn sie von der
Hand eines grossen Meisters ausgeführt sind, wie Rubens
es war. Wenn auf dessen Bilde von der Allegorie des
Krieges (im Palazzo Pitti) die Eris mit der Fackel einen
kräftigen Kriegsmann aus den Armen der vergeblich
widerstrebenden Liebe reisst, während Genien ängstlich
sich an letztere anklammern, jammernd die Gestalt der
Republik dem Helden nacheilt, gefolgt von einem Genius
mit dem Reichsapfel, vor der Eris aber eine Muse mit
Laute und Notenheft, ein Mann mit Zirkel und Säulen-
kapitäl, eine Frau mit einem Kinde am Boden gestürzt
daliegen und vom düstern Himmel die Kriegsfurien
niedersausen — so kann eben nur der bezaubernde Pinsel
des Meisters, seine glühende Farbenpracht, die grossartige
Wiedergabe der einzelnen Stimmungen uns über das
frostige des Gegenstandes hinweg helfen; bei der Mehrzahl dieser allegorischen Schöpfungen aber trägt der
Mangel an Theilnahme, welche wir dem Sujet entgegen-
bringen, über das Interesse an der Art der Ausführung
selbst den Sieg davon, um so mehr, als die häufig so
unschöne Tracht, in welcher die historischen Persönlichkeiten inmitten jener — freilich auch nicht streng nach
der Antike costümirten — Götter, Göttinnen und Allegorien erscheinen, sich höchst abenteuerlich ausnimmt.

Es wäre übrigens verfehlt, wollte man das Hohle und Unwahre, welches in jenen Darstellungen liegt, in Bausch und Bogen den Malern selbst zur Last legen und beispielshalber etwa Rubens einer direkten Vorliebe für die Allegorie beschuldigen. Die Künstler standen hier ebenso im Dienste der Grossen, wie die vorher besprochenen Bildhauer zum Theil in dem der Kirche; und der Zeitgeschmack verlangte nun einmal solche Darstellungen. Es ist daher auch sehr begreiflich, dass in der Malerei der protestantischen Niederländer, welche weder Verherrlichung von Kirche und Kirchenfürsten noch des Souverains unter ihren Aufgaben hatten, diese Richtung fast gänzlich ausgeschlossen bleibt; wie denn überhaupt die Allegorie auf dem Boden der nüchternen protestantischen Kunst sich andere Aufgaben stellt, als in der katholischen Kunst, ohne freilich deshalb in ihren abstrakt langweiligen Sujets glücklicher zu sein, als jene mit ihren mystisch-mythologischen. Im übrigen geht jene allegorische Tendenz, wie in der Skulptur, so auch in der Malerei noch weit bis in das vorige Jahrhundert hinein. So stellte Rafael Mengs in der vatikanischen Bibliothek die Geschichte dar, wie sie in ein auf den Rücken des alten Kronos gelegtes Buch die Thaten einschreibt, welche ihr der doppelköpfige Janus diktirt; ein Genius trägt Schriftrollen herbei, während die Fama in die Trompete stösst und dabei mit der Hand auf das im Hintergrunde sichtbare Museo Pio-Clementino hinweist. So finden wir denn die Allegorie um die Mitte des vorigen Jahrhunderts überall noch festwurzelnd, in Malerei und Skulptur ein beliebtes Motiv, in der Poesie bis zur

Lächerlichkeit angewandt. Aber in der zweiten Hälfte des Jahrhunderts kann man eine gewisse Abnahme der Vorliebe für die Allegorie nicht verkennen; es macht sich in der That eine allmähliche Veränderung des Zeitgeschmackes geltend. Lessing war weder der erste, noch der einzige, der damals die Allegorie bekämpfte; schon vor ihm waren von verschiedenen Seiten Stimmen laut geworden, welche gegen jene abstrakten Personifikationen und Symbolisirungen protestirten. Aber während die Einen die ganze Richtung verwarfen und von emblematischen Figuren überhaupt nichts wissen wollten, warfen sich Andere zu Vertheidigern der angegriffenen Richtung auf; und eine dritte Klasse (und zwar nicht zum kleinsten Theil französische Aesthetiker) nahm eine vermittelnde Stellung ein, indem sie die alten, durch den Gebrauch der antiken Kunst und durch langjähriges Herkommen sanktionirten Allegorien beibehalten, die modernen Schöpfungen aber als unverständlich und zum Theil geschmacklos wieder aufgeben wollten. In diesem Streit der Meinungen gab denn auch Winckelmann sein Votum ab; seine »Allegorie für Künstler« erschien gleichzeitig mit Lessings Laokoon. Dass ein Mann wie Winkelmann sich nicht auf die Seite derer stellen konnte, welche die frostigen Erfindungen der letzten Jahrhunderte vertheidigten, ist selbstverständlich; aber leider war das, was er an ihre Stelle setzen wollte, durchaus nicht besser. Die bei einem so feinfühligen Geiste in der That merkwürdige und nur durch den nachhaltigen und bestimmenden Einfluss seines Umgangs mit Oeser und Mengs erklärliche Vorliebe für die Allegorie überhaupt hat Winckelmann hier zu den

allerseltsamsten Missgriffen verleitet, so dass jene Schrift
unter allen seinen Werken das entschieden schwächste
ist. Schon das ist ein Grundfehler, dass er sich den
eigentlichen Begriff der Allegorie gar nicht klar gemacht
hat und vielfach die symbolische Einkleidung eines Gedankens (wie z. B. die Symbolisirung eines Begriffs durch
eine den gleichen Begriff wiedergebende, sonst aber
ganz auf dem Boden der Wirklichkeit sich begebende
Handlung) mit der allegorischen Personifikation verwech-
selt, auch weiterhin gar nicht unterscheidet zwischen der
Personifikation von Naturbegriffen und von abstrakten
ethischen Vorstellungen. Zwar sieht er wohl ein, dass
unsere Zeit nicht mehr allegorisch sei, wie das Alterthum,
wo die Allegorie auf die Religion gebaut und mit derselben verknüpft war; aber diese richtige Erkenntniss
führt ihn doch nicht, wie man erwarten sollte, zur Ver-
werfung der Allegorie überhaupt, sondern indem er darauf
fusst, dass das klassische Alterthum damals mehr und mehr
anfing, Gemeingut der Gebildeten zu werden, sucht er
alle möglichen Allegorien aus der alten Kunst zusammen
und schlägt neue, grossentheils ebenfalls aus dem Alterthum entnommene vor, die in manchen Punkten noch
viel haarsträubender sind als alles, was die vorhergehende
Kunst darin gesündigt hatte. — Es ist bezeichnend für
die Wandelung im Zeitgeschmack, dass seine Schrift ebenso
bei den Aesthetikern eine sehr kühle Aufnahme fand,
als sie bei den Künstlern vollständig wirkungslos vorüber-
gegangen ist.

Aus der deutschen Litteratur war die Allegorie zu
der Zeit, da wir den Anbruch einer neuen Epoche der

bildenden Kunst datiren können, thatsächlich so gut wie
verschwunden. Ihr hatte in der That Lessing ein Ende
gemacht; vereinzelte Nachzügler, wie z. B. Thümmels
Wilhelmine, kommen dem gegenüber nicht mehr in Betracht, und in den Schöpfungen unserer klassischen
Litteratur wird die Allegorie nur gefunden, wo es sich
um einen Theatereffekt handelt (wie die ›Freiheit‹ im
Egmont), oder wo allerhöchsten Orts befohlene Festspiele,
für welche die Allegorie bis auf den heutigen Tag ein
unerfreuliches Erbtheil des siebzehnten Jahrhunderts geblieben ist, den Dichter in seiner freien Bewegung hem-
men (vgl. Schillers ›Huldigung der Künste‹). Zu gleicher
Zeit kann man nun auch in den bildenden Künsten eine
Wendung zum Besseren beobachten. Hier war die Allegorie ein Erbtheil zunächst des römischen Zeitalters,
dann der Kirche gewesen: jetzt, als die Wiedergeburt von
Litteratur und Kunst wesentlich vom protestantischen
Deutschland ausging, als man anstatt aus dem abgeleite-
ten und trüberen Quell der Römerzeit Stilgefühl, Formen-
schönheit, vielfach auch die Motive aus der ewigjungen
Kunst und Poesie von Hellas schöpfte, da waren der
Allegorie ihre beiden festesten Stützen entzogen. Asmus
Carstens, an dessen Name sich für uns der Anbruch
einer neuen Epoche in der Malerei knüpft, entlehnt
seine edelsten und grossartigsten Sujets aus der Antike; und wenn er auch dabei bisweilen fehlgreift
und auf das Gebiet der Allegorie abschweift, so sind
das doch Ausnahmen und versöhnen uns durch den streng
antiken Geist, den sie athmen. Hingegen ist es begreiflich, dass in unserm Jahrhundert diejenige Richtung der

deutschen Malerei, welche sich im Gegensatz zu Carstens
und den durch ihn Beeinflussten·die altdeutsche und alt-
italienische Kunst zum Vorbilde nahm und auch vornehmlich für die Verherrlichung des katholischen Glaubens arbeitete, auch zur Allegorie zurückkehrte. Over-
becks Triumph der Religion in den Künsten, Veits Einführung der Künste durch das Christenthum, Schadows
Brunnen des Lebens sind Zeugnisse davon und kranken
sämmtlich gegenüber andern, historischen Compositionen
der gleichen Meister an der Langenweile, welche die
trockene Abstraktion nothwendig mit sich bringt, und
an dem Uebermass des Symbolisirens. Hingegen wählt
sich die Düsseldorfer Schule, welche mehr an das Ro-
mantische als an das Mystische des Mittelalters anknüpfte,
nur selten allegorische Motive. — Unter den modernen
Malern kann man auch von einer bestimmten allegorischen
Richtung nicht sprechen; ebensowenig aber kann man
sagen, dass eine deutliche Erkenntniss dessen, was auf
diesem Gebiete der Kunst erlaubt·sei und was nicht, sich
überall Bahn gebrochen hätte. Einer der bedeutendsten
Maler der neuesten Zeit, Genelli, der in den Fusstapfen
von Carstens sich am Geist der Antike herangebildet hat,
verkennt denselben doch vielfach so, dass er mythologische Persönlichkeiten der hellenischen Götterwelt dergestalt mit Figuren des modernen Lebens verbindet, dass
sie nicht mehr die alten Heidengötter, sondern reine
Personifikationen sind. Denn was soll es anderes sein,
wenn beispielshalber (im »Leben eines Künstlers«) ein
Mann im modernen Costüm am Boden liegend von Amor
gepeinigt wird? Dieser Amor ist ja nicht der lebendige

Gott, der für den Hellenen ein individuelles Wesen war, sondern nur eine Personifikation der Liebe. Nur zu oft hat Genelli, und mancher andere mit ihm, vergessen, dass was den Hellenen recht war, deshalb noch keineswegs für uns billig sei. — Wieder in anderer Weise hat Kaulbach die Allegorie verwandt. In seinen grossen, sogenannten historischen Compositionen begegnen wir zwar eigentlich allegorischen Figuren nicht, wohl aber oft sehr gehäuften symbolischen Andeutungen; seine Verbindung realer, historischer Persönlichkeiten mit Gestalten der Sage oder der übernatürlichen Welt steht vielfach der Allegorie nicht fern. Von letzterer ist dagegen ein ausgedehnter Gebrauch gemacht in dem berühmten Kinderfries des Berliner Museums; und doch ist dieselbe, mag man auch über diese Travestirung der Weltgeschichte an jener Stelle dort denken wie man will, mit solchem Humor und in so genialer Weise verwerthet, dass sie in dieser Form an sich nicht verletzt. Uebrigens ist es für Kaulbachs Individualität sehr bezeichnend, dass, wie auch Springer anerkennt, seine künstlerische Bedeutung sich in nichts so verkörpert hat, als in seinen allegorischen Gestalten; die im Treppenhaus angebrachten Einzelfiguren der Italia, Germania, von Sage, Geschichte, Kunst, Wissenschaft etc., werden allgemein als musterhafte Leistungen, namentlich hinsichtlich der Auffassung, betrachtet. — Den jetzt noch lebenden Malern endlich kann man übermässigen oder auch nur besonders häufigen Gebrauch der Allegorie nicht vorwerfen; oft genug werden sie zwar, namentlich für dekorative Zwecke, zur Darstellung allegorischer Einzelfiguren durch die Auftraggeber genöthigt;

aber complicirten Allegorien, eigentlicher Gedankenmalerei, begegnet man, abgesehen von der modernen französischen Malerei, nur selten. Bilder wie Makarts sogenannte sieben Todsünden, Abundantia, fünf Sinne u. dgl. wird niemand im Ernst als allegorische bezeichnen.

Das eigentliche Gebiet der Allegorie ist vielmehr heut zu Tage, wenn man von Münzen und Medaillen absieht, die von jeher Ausnahmen gebildet haben, die Skulptur. Zwar jene allegorischen Ungeheuer, wie sie die vorhergehende Epoche geschaffen und von denen Justi einmal sehr hübsch sagt, »ihr Anblick lasse keinen andern Gedanken aufkommen, als den Wunsch spurloser Vernichtung zum Besten der Nachkommen«, liegen glücklicher Weise hinter uns. Canova, der erste, der in der Skulptur sich von der alten Unnatur frei machte, wenn er auch noch von einer gewissen »Manier« beherrscht war, er, den Burckhardt sogar in kunsthistorischer Hinsicht den »Markstein einer neuen Welt« nennt, stellt zwar an sein berühmtes Grabmal Clemens XIII. in St. Peter auch die allegorischen Gestalten der Religion und des Todesgenius; aber nicht mehr in jenen affektirten, theatralisch bewegten Posen, sondern in ruhiger, wenn gleich nicht theilnahmloser Haltung; und wenn er auch in andern seiner Grabdenkmäler, wie z. B. im Grabmal der Erzherzogin Christine in der Augustinerkirche zu Wien, wieder mehr in die malerische Darstellungsweise der Vorgänger zurückfiel, so hütete er sich doch wenigstens vor dem masslos übertriebenen Pathos der Figuren. Ueberhaupt aber darf man sich über die Wahl derartiger Allegorien auch in unserem Jahrhundert um so weniger wundern, als selbst

Thorwaldsen, der doch sonst so wie kein neuerer Bildhauer den Geist der Antike in sich aufgenommen, nicht
umhin konnte, am Grabmal Pius VII. die Figuren der
Weisheit und Klugheit nebst den Genien der Zeit und
der Geschichte anzubringen, ja am Grabmal des Herzogs Eugen von Leuchtenberg in der Michaeliskirche zu
München sogar eine ganze allegorische Scene alten Stiles
darzustellen: den Fürsten, welcher an der Pforte des
Grabes die Zeichen seiner Würde niederlegt und den
von seinem Haupte genommenen Kranz der Muse der
Geschichte überreicht. — Dass dann die moderne Skulptur Allegorien als Sockelfiguren für Portraitstatuen liebt,
haben wir schon am Eingange erwähnt, und auch in
den Reliefs, welche die Postamente derartiger Denkmäler schmücken, fehlt es an Allegorien nicht. So stellt
von den beiden Reliefs, mit denen Schadow das Postament seiner Rostocker Blücherstatue schmückte und zu
denen sogar Goethe die Ideen angab, das eine die Schlacht
bei Ligny in der Weise vor, dass Blücher unter seinem
erschossenen Pferde liegt, während im Hintergrund die
preussische Reiterei von der französischen zurückgedrängt
wird; den Helden aber beschirmt der nackt und ge-
flügelt dargestellte Genius Germaniens mit Schwert und
Schild. Auf dem andern, das die Schlacht von Belle-
Alliance verherrlicht, hält Blücher auf einer Anhöhe, von
welcher die als Ungeheuer mit Vampyrflügeln dargestellte
feindliche Macht herabstürzt; etwas entfernt sieht man
den Genius Preussens, einen mit dem eisernen Kreuz
gezierten Stab in der Hand haltend, dem durch den
Dreizack kenntlichen Genius Englands die Hand reichen.

— Wir werden noch auf die Frage zurückkommen, ob denn die Skulptur die Beihilfe des »allegorisch-symbolischen Ziergartens«, wie sich Lübke einmal ausdrückt, nicht entbehren kann; aber Thatsache ist, dass die heutige monumentale Skulptur von diesem Glauben ausgeht. Allerdings begnügt man sich nun in der Regel mit den alten, schon lange vorhandenen Personifikationen: die verschiedenen Tugenden, die Wissenschaften und Künste, die Naturkräfte (wozu als neue Acquisitionen von zweifelhaftem Werth die Personifikation des Dampfes und der Elektricität getreten sind), die Jahres· und Tageszeiten, Länder, Völker, Städte, Flüsse u. s. w. — das ist der allegorische Haushalt der modernen Plastik, sei es nun, dass es sich um den bedeutungsvollen Schmuck einer Portraitstatue handelt, sei es, dass man an einem Gebäude durch Skulpturen die Bedeutung des Baues symbolisiren will, sei es, dass der Gegenstand an und für sich und ohne weitere Beziehung zu andern Objekten als zur Darstellung geeignet befunden wird.

Nachdem wir bisher die Allegorie rücksichtlich ihrer Verwendung in der Kunst des Alterthums und der Neuzeit historisch betrachtet haben, würde es sich nunmehr darum handeln, zu prüfen, ob die allegorische Richtung in der Kunst überhaupt als eine berechtigte zu betrachten ist, und wenn, ob diese Berechtigung ohne jede Einschränkung ihr zuzugestehen sei oder nur unter bestimmten Modifikationen. Da ist es denn eine unumgängliche Pflicht, und nicht bloss der Pietät, dass wir uns zunächst danach umsehen, wie Lessing sich der Allegorie in der Kunst gegenüber verhält. Dass Lessing keine

eingehende Kritik der allegorischen Richtung in der
Kunst gegeben hat, ward schon oben erwähnt; dass er
sie etwa überhaupt in Bausch und Bogen verworfen habe,
ist nirgends angedeutet: nur die »Allegoristerei«, d. h.
also die übertriebene Neigung zum Allegorisiren, nicht
die Allegorie an sich, wird in der Vorrede zum Laokoon
getadelt. Im Laokoon selbst kommt er dann nur noch
im zehnten Abschnitt auf die bei der Allegorie so wesentlichen Attribute zu sprechen. Der Künstler giebt
seinen personificirten Abstraktis Sinnbilder bei, durch
welche sie kenntlich werden, und diese Sinnbilder machen
dieselben, weil sie etwas anderes sind, als was sie bedeuten sollen, zu allegorischen Figuren. Nur die Noth
hat die Sinnbilder der personificirten Abstrakta beim
Künstler erfunden; denn durch nichts anderes kann er
sich verständlich machen, was diese oder jene Figur bedeuten soll. Doch nicht alle Attribute, mit welchen die
Künstler ihre Abstrakta bezeichnen, sind gleich. Während die einen, wie z. B. der Zaum in der Hand der
Mässigung, die Säule, an welche sich die Beständigkeit
lehnt, lediglich allegorisch sind, giebt es andere, welche
eigentlich nichts Allegorisches haben, sondern als Werkzeuge zu betrachten sind, deren sich die Wesen, welchen
sie beigelegt werden, falls sie als wirkliche Personen
handeln sollten, bedienen würden oder könnten, wie z. B.
die Leier oder Flöte in der Hand einer Muse, die Lanze
in der Hand des Mars, Hammer und Zange in den Händen des Vulkan. Lessing nennt diese letteren Attribute
zum Unterschiede von den allegorischen die poetischen;
sie bedeuten die Sache selbst, jene nur etwas ähnliches.

— Lessing geht nun in diesem Abschnitt nicht darauf
aus, über die Allegorie in der Kunst etwas zu bestimmen;
seine Tendenz ist bekanntlich vielmehr die, darzulegen,
dass die Poesie von jenen allegorischen Attributen keinen Gebrauch machen könnte, wohl aber von jenen andern, welche er — und zwar eben deshalb — poetische
nennt. Seine Unterscheidung dieser beiden Arten von
Attributen ist sehr richtig und passt auch auf die heut
üblichen Allegorien noch ganz gut; nur die Benennung
»poetisch« möchte ich, obgleich ich mich oben der Kürze
halber selbst derselben bedient habe, als nicht ausreichend
ablehnen. Wenn wir heutzutage beispielsweise neben
einer Allegorie der Industrie das Modell einer Dampf-
maschine erblicken, so ist das kein allegorisches Attribut,
sondern eines der von Lessing poetisch genannten; diese
Bezeichnung passt aber sicherlich hier gar nicht. Eher
würde ich vorschlagen, solche Attribute als »praktische«
zu bezeichnen: praktisch deswegen, weil sie zu wirklicher Verwendung bestimmt sind und eben diese praktische Verwendung für die Bedeutung der dargestellten
Figuren charakteristisch ist. Sonst aber könnte man sich
auch ebenso gut jener von Lessing selbst, zunächst für
die Poesie, eingeführten Terminologie bedienen und die
Attribute als »willkürliche« oder »verabredete«, d. h.
»conventionelle«, von den »natürlichen« Zeichen unterscheiden, wie denn auch Lessing selbst in einem seiner
Entwürfe zum Laokoon diese Terminologie der willkürlichen mit natürlichen Zeichen ebenso für die Malerei,
wie für Tanzkunst und selbst Musik gebraucht. — Im
dritten Theil des Laokoon gedachte Lessing, wie aus

dem noch erhaltenen Entwurf für das ganze Werk hervorgeht, auf die Allegorie zurückzukommen. Leider sind uns hier nur Andeutungen erhalten. Es sollte da die Einführung von willkürlichen Zeichen in die Kunst durch die Allegorie besprochen werden; die Allegorie sollte unter dem Gesichtspunkt Billigung erfahren, insofern die Kunst dadurch auf den Geschmack der Schönheit zurückgeführt und von dem »wilden Ausdruck« abgehalten werden könne. — Es ist sehr zu bedauern, dass dieser Abschnitt nirgends eine nähere Ausführung durch Lessing erfahren hat. So kurz, wie wir ihn jetzt haben, ist er nicht ganz deutlich; wahrscheinlich war Lessings Meinung, dass allegorische Figuren als Personifikationen bestimmter ethischer Begriffe nicht leicht in den Fehler des von ihm verworfenen transitorischen, d. h. schnell ausbrechenden und schnell verschwindenden Affektes verfallen könnten, dass also in Folge dessen die Kunst bei diesen Figuren weniger leicht Gefahr laufe, ins Unschöne zu verfallen. Es ist der gleiche Gedanke, der in den oben angeführten Worten Burckhardts über Allegorie liegt; dass er freilich der Wirklichkeit nicht entsprach, dass vielmehr gerade die Allegorie zu dem Abwege der Darstellung höchst leidenschaftlich bewegter und selbst hässlicher Gestalten geführt hat, haben wir gesehen. — Daran sollte sich dann weiterhin anschliessen eine Missbilligung allzu weitläufiger Allegorien, weil dieselben allezeit dunkel seien; erläutert sollte das werden durch zwei Beispiele: die von uns schon oben angeführte sog. Apotheose des Homer und durch Rafaels Schule von Athen. Ich bin nicht ganz damit einver-

standen, dass die Schule von Athen hier als Beispiel
der Allegorie angeführt wird, obgleich man auch sonst
dies Bild Rafaels als »Gedankenmalerei« bezeichnet hat.
Aber das einzige Symbolische in dem Bilde ist die Abstraktion von der Zeit, von der Chronologie, hervorgegangen aus der Tendenz, die Entwicklungsgeschichte der
Philosophie in einer einzigen grossen Darstellung zu veranschaulichen; aber auch dies kann man nicht als rein allegorisch bezeichnen, es ist ein Fehler auf einem andern Gebiete. Die dargestellten Personen haben alle gelebt, bedeuten durchaus das, was sie scheinen, sind nirgends mit
Zeichen oder in Situationen dargestellt, welche etwas anderes besagen sollen, als was sie uns zeigen. Wollten
wir die Schule von Athen als allegorisches Gemälde bezeichnen, so müssten wir die Bedeutung des Wortes Allegorie nach meiner Ansicht gar zu sehr erweitern. Freilich,
eine bestimmte Definition oder Benennung der Gattung
der Malerei zu geben, zu welcher dies Bild gehört (denn
die Schule von Athen und die ähnlich angelegte Disputa
sind die Ahnherrn einer ganzen Menge moderner Nachahmungen geworden, wie z. B. das Hemicycle von Dela-
roche, das Zeitalter der Reformation von Kaulbach und
all die zahlreichen »Ruhmeshallen«, »Parnasse« u. s. w.),
das fällt auch mir schwer: allenfalls möchte ich es ideale
Historienmalerei nennen, insofern ein historischer Vorgang — denn auch eine in langer Zeit vor sich gehende
Entwicklung ist ja als Ganzes betrachtet ein historischer
Vorgang —, welcher sich in realistischer Weise, weil er
sich aus zeitlich und räumlich getrennten Einzelvorgängen
zusammensetzt, nicht verkörpern lässt, in idealistischer

Behandlungsweise, aber ohne Zuhilfenahme übernatürlicher allegorischer Wesen, zur Anschauung gebracht wird. — Was im übrigen Lessings Missbilligung allzuweitläufiger Allegorien anlangt, so werden wir darauf noch zurückkommen und sehen, dass man ihm hierin vollkommen beipflichten muss. — In einem zum Laokoon gehörigen Fragment werden sodann die »Allegoristen« beiläufig erwähnt, und zwar als Maler, welche die natürlichen Zeichen mit will-kürlichen vermischen. (Leider kommt Lessing auf die Allegorie in der Kunst sonst nirgends zu sprechen. In der Abhandlung »Wie die Alten den Tod gebildet«, wo ein Exkurs über die Allegorie nahe gelegen hätte, wird darauf nicht eingegangen; nur ganz gelegentlich bemerkt er einmal, keine Allegorie dürfe mit sich selbst im Wider-spruch stehen. In der Abhandlung über die Fabel wird der Begriff der Allegorie zwar erörtert, aber nur in ihrer Bedeutung für die Litteratur; er sagt dort, ein so fremdes Wort, womit nur wenige einen bestimmten Begriff ver-bänden, sollte überhaupt aus einer guten Erklärung ver-bannt sein.) Darf man aus jenen wenigen Andeutungen einen Schluss ziehen, so scheint es, als ob Lessing der Allegorie in der Kunst gegenüber einen ähnlichen Stand-punkt einnahm, wie Diderot, welcher einmal von ihr sagt, sie sei selten erhaben, fast immer aber frostig und dunkel.

Es wäre theils sehr mühsam, theils viel zu weit führend und auch undankbar, wollten wir hier nun noch die Ansichten der Aesthetiker des vorigen und dieses Jahrhunderts über die Anwendnng der Allegorie in der modernen Kunst anführen; ich will hier nur noch ein-mal auf die oben angeführte feine Bemerkung Burckhardts

hinweisen, der aber ebendaselbst auch ausdrücklich sagt,
er wolle über die Stelle der Allegorie in der Kunst überhaupt nicht entscheiden, jedoch ihre Unentbehrlichkeit in
allen nicht polytheistischen Zeitaltern und die Möglichkeit
schöner und erhabener Behandlung zugeben. Dass auch
nach Lübkes Meinung die Kunst, speciell die Skulptur,
die Beihilfe der Allegorie nicht entbehren könne, habe
ich gleichfalls schon angeführt; doch stellt derselbe dabei die Forderung, dass das Dargestellte so mit inner-
licher Lebenskraft ausgestattet sei, dass es nicht den
Eindruck des Fremdartigen und Frostigen mache, sondern
uns unmittelbar nahe und verwandt erscheine. Auch wir werden nicht umhin können, ungefähr die gleichen Conces-
sionen zu machen, wenn wir nunmehr an die Beantwortung der Fragen gehen, welche das Endziel unserer
Betrachtung bilden: ist die Allegorie für die Kunst heutzutage unentbehrlich? — und wenn sie das ist, darf sie
dann nur bis zu gewissen Grenzen gehn, oder ist der
Künstler hinsichtlich ihrer Verwendung völlig frei und
ungebunden?

Ist die Allegorie für unsere heutige Kunst unentbehrlich? —

Die Beantwortung dieser Frage muss mehr vom praktischen, als vom theoretischen Gesichtspunkt ausgehen.
In der Theorie könnte man sich einfach auf den Boden
der Lessing'schen Forderungen stellen und sagen: die
Zeichen der Malerei sind nicht willkürliche, sondern
natürliche, folglich darf sie nicht darauf ausgehen, diese
natürlichen Zeichen als willkürliche zu behandeln. Aber
mit einem so rigorosen Standpunkt kämen wir nicht

weit, und schon die antike Kunst würde uns überall den
Beleg liefern, dass der Künstler sehr oft genöthigt ist,
seine natürlichen Zeichen zu willkürlichen zu erheben,
ohne dass ein solcher Uebergriff der Kunst zum Schaden
gereicht. Stellen wir uns also auf den praktischen Standpunkt, so können wir zunächst die Forderung geltend
machen: was die Kunst darstellt, soll deutlich und verständlich sein, die Allegorie ist das aber in der Regel
nicht, ergo ist sie zu verwerfen, wenn sie diese Forderung
nicht erfüllt. Nun ist freilich zu befürchten, dass jene
Forderung nicht allgemein als berechtigt anerkannt werden dürfte. »Wie?« — werden die Künstler sagen —
»sollen wir nur das darstellen, was ein jeder Beschauer
ohne weiteres versteht? — Wenn wir einen historischen
Vorgang darstellen, wie kann man verlangen, dass derselbe einem jeden verständlich sei, auch dem, welchem
das betreffende historische Ereigniss ganz unbekannt ist?«
— Aber dieser Einwand ist falsch. Freilich wäre es
thöricht zu verlangen, dass der dargestellte Vorgang
eines Gemäldes, einer Gruppe, eines Reliefs einem jeden
bekannt sei; denn wo wäre dann die Grenze der allgemeinen Bildung, die man beim Beschauer voraussetzen
darf, zu ziehen? — Wohl aber darf und muss das Verlangen an den Künstler gestellt werden, dass, wenn es
sich um einen historischen Gegenstand handelt, derselbe
dergestalt aufgefasst werde, dass die innere psychologische
Bedeutung des Vorganges einem jeden ohne weitere
Erklärung deutlich ist. Wenn z. B. ein Maler Luther auf
dem Reichstage zu Worms malt, so ist zwar ganz klar, dass
der, welcher den historischen Vorgang genau kennt, dem die

einzelnen dargestellten Persönlichkeiten bekannt sind, einen grösseren Genuss und ein besseres Verständniss bei der Betrachtung haben muss, als jemand, dem das Ereigniss gänzlich unbekannt ist; aber auch ein solcher muss doch, wenn anders das Bild den Zweck der Kunst erfüllen soll, den Vorgang so weit verstehen, dass er erkennt, hier steht ein bedeutender Mensch vor einer mächtigen, ihm grossentheils übelwollenden Versammlung und verkündet, Gefahren und Anfechtungen kühn Trotz bietend, frei heraus seine innerste Herzensmeinung. In diesem Sinne, meine ich, kann man auch an jedes Historienbild die Anforderung stellen, dass es deutlich und verständlich sei. Freilich, solche Haupt- und Staatsaktionen, wie sie heut so gern gemalt werden, Proklamationen, diplomatische Conferenzen u. dgl., die sind nur für den verständlich, der den Vorgang kennt, und werden daher jeden andern kalt lassen, mag er die darauf verwandte Kunst noch so sehr bewundern; aber dergleichen sollte überhaupt nur dann gemalt werden, wenn sich mehr daraus machen lässt, als eine blosse Portraitgalerie.

Nun muss man freilich mit jener Forderung der Allgemeinverständlichkeit nicht zu weit gehen. Die Kunst braucht sich in ihren Motiven nicht so zu beschränken, dass sie sich an das Verständniss des grossen Haufens wendet; sie darf bei vielen ihrer Schöpfungen in der That den Anspruch auf einen gewissen Grad von Bildung bei den Betrachtern mit vollem Rechte erheben. Auch Beethovens Schöpfungen sind nicht allen zugänglich, auch Goethe hat nicht für jedermann gedichtet. Man muss eben in der bildenden Kunst, wie in den andern Künsten, scheiden zwischen Schöpfungen, welche ihrer ganzen Bestimmung nach darauf berechnet sind, nur auf einen kleineren Kreis der Gebildeten zu wirken, und solchen, welche an das Verständniss der Menge appelliren. Der Componist, der Kammermusik schreibt, darf ganz andere Anforderungen an seine Hörer stellen, als der Operncomponist, und wer eine Volkshymne componiren will, muss wiederum einen andern Massstab anlegen. Und da liegt es denn am Tage, dass in der Malerei es wesentlich die grosse monumentale Malerei ist, bei der man die Forderung der Allgemeinverständlichkeit stellen muss, während die in der Regel für Galerien oder Privatbesitz bestimmten kleineren Tafelbilder höhere Anforderungen an das Verständniss der Beschauer stellen dürfen; und dass ferner in der Skulptur alles, was zu öffentlicher Aufstellung bestimmt ist, gleichfalls in einer Weise dargestellt sein muss, dass es dem Verständniss der Menge nahe liegt. Denn die Kunst ist nicht bloss dazu da, uns das Leben zu verschönern, sie hat auch die höhere Aufgabe, erziehend und veredelnd zu wirken, namentlich auf das Volk; und dieser Aufgabe kann sie nur gerecht werden, wenn sie in solchen Werken, die dem Volke täglich unter Augen sind, nicht allein auf Schönheit, sondern auch auf Verständlichkeit sieht. Gerade die Skulptur hat ganz besonders die Aufgabe, den Sinn für die Schönheit, das Verständniss für die Kunst unter dem Volke zu wecken und zu verbreiten; gerade sie darf deshalb nicht vornehm über das Verständniss des gemeinen Mannes hinausgehen.

Wenn wir diese Forderung als berechtigt anerkennen,

so sind damit freilich schon zahlreiche moderne Kunst-
schöpfungen verurtheilt. Verurtheilt sind alle jene Personifikationen der Stärke, Gerechtigkeit, Weisheit etc.,
wie sie gerade an den öffentlichen Denkmälern mit Vorliebe angebracht werden; verurtheilt die Gedankenmale-
reien im Treppenhause des Berliner Museums, und so
manches andere. Aber auch hier können wir gegenüber
der streng theoretischen Forderung in praxi einige Con-
cessionen machen. Es giebt in der That eine Anzahl
Allegorien, welche durch nun schon mehr als tausend-
jährigen Gebrauch beinahe einem jeden verständlich geworden sind. Nicht eine jede hat deshalb schon ein
Anrecht auf Existenz. Die zwar noch nicht so alte, aber
einem jeden ohne weiteres deutliche Allegorie des Todes
als Skelett, zu so tiefsinnigen Schöpfungen sie auch Hol-
bein, Rethel und andere begeistert hat, sollte doch besser
von der Kunst wieder aufgegeben werden. Andere Allegorien aber, welche nicht wie diese gegen die erste Forderung an die Kunst, die Forderung der Schönheit, ver-
stossen, haben sich in der That das Bürgerrecht in der
Kunst errungen. Allerdings sind und bleiben sie Noth-
behelfe, denn sie sind und bleiben ohne Attribute unverständlich; die Poesie, die Künste, Glaube Liebe Hoffnung u. s. w. — wer erkennt sie ohne ihre charakteristischen Symbole? — Es wäre daher gewiss besser, wenn
man auch diese, obgleich heut allgemein verständlichen
Personifikationen wieder aufgeben könnte; aber es muss
eben leider zugestanden werden: die Kunst, namentlich
die Skulptur, kann sie vielfach nicht mehr entbehren.
Es werden gerade an die monumentale Kunst, sei es

nun, dass es sich um den künstlerischen Schmuck irgend-
welchen Gebäudes, sei es dass es sich um die plastische
Verschönerung eines öffentlichen Platzes, eines Grabes
u. dgl. handele, Aufgaben gestellt, welche vielfach nur
durch Hilfe der Allegorie zu lösen sind. Wenn die räumlichen Verhältnisse und sonstigen Bedingungen es erlau-
ben, wird es immer besser sein, der Allegorie aus dem
Wege zu gehen. Nehmen wir als Beispiel an, es handele
sich um den bildlichen Schmuck einer Universitäts-Aula;
und zwar soll dieselbe mit Fresken versehen werden,
welche die Bedeutung des Raumes klar machen. Hier
greift man gern zu allegorischen Darstellungen der vier
Fakultäten, wie das in Bonn geschehen ist; aber wie
unendlich passender und verständlicher ist es, wenn anstatt solcher frostiger Personifikationen lebendige Scenen,
welche die Thätigkeit und Bedeutung der betreffenden
Wissenschaft zur Anschauung bringen, gemalt werden,
wie das in der Aula zu Königsberg (freilich neben den
ausserdem noch allegorisch dargestellten Figuren der
Fakultäten) geschehen ist? — Wem wird nicht, was die
Wahl des Gegenstandes anlangt, Pauli Predigt in Athen
lieber sein, als die von zwei kindlich gebildeten, Luther
und den Papst repräsentirenden Figuren umgebene Allegorie der Religion? — Nehmen wir nun aber an, es
handele sich im gleichen Falle um den plastischen
Schmuck eines Universitätsgebäudes, indem die vier
Fakultäten durch statuarische Werke veranschaulicht werden sollen. Hier ist jener Ausweg, einen historischen
Vorgang darzustellen, durch die Art des Auftrages
ausgeschlossen, hier bleibt nur die Allegorie möglich.

Aber nicht immer ist es der Fall, dass die Einzelstatue
die Allegorie bedingt. Wenn es sich beispielshalber um
die Errichtung eines Denkmals zu Ehren gefallener
Krieger handelt, wird man da einen Augenblick im
Zweifel sein, ob man als Schmuck resp. Motiv derselben
die Allegorien der Tapferkeit, Vaterlandsliebe, des Sieges
u. dgl. lieber sehen möchte als irgendwelche typische
Repräsentation aus dem Kriegsleben selbst, etwa einen
Krieger im Ansturm, oder auf seiner Fahne sterbend,
ein Verwundeter aus der Schlacht geleitet u. s. w.? So
ist es auch ein ganz richtiges Verfahren, wenn man neuer-
dings mehrfach die Statuen grosser Männer anstatt mit
allegorischen Figuren mit den Portraitstatuen ihrer Zeitgenossen umgeben hat: am Lutherdenkmal in Worms z. B.,
wo die Mitarbeiter am grossen Werk der Reformation dargestellt sind, und am Denkmal Friedrich d. Gr. von Rauch,
wo zwar die traditionellen Herrschertugenden auch nicht
fehlen, aber den wesentlichsten, allerdings etwas an Ueber-
füllung leidenden Schmuck des Sockels die grossen Männer
bilden, welche dem König im Leben nahe standen und
für seine Regierungszeit von hervorragender Bedeutung
gewesen sind. Denn es liegt ja am Tage, dass allgemeine
Allegorien, ganz abgesehen von dem grössern oder
geringern Grade ihrer Verständlichkeit, für jede beliebige
Person passen und durchaus nichts, was die betreffende
Persönlichkeit in bestimmter und deutlicher Weise charak-
terisirte, enthalten. Demgemäss wäre es für das Stand-
bild eines Dichters weit bezeichnender, wenn man Haupt-
gestalten aus seinen Werken (und wenn es sich um Reliefs
handelt, Scenen daraus) an dem Piedestal darstellte, als

die Allegorien von Epos, Lyrik, Tragödie u. s. w.; denn
diese letzteren Gestalten sind farblos, können dem einen
Dichter ebenso gut beigegeben werden, wie dem andern,
jene Gestalten aber sind die Schöpfungen des Verherr-
lichten, sind dem Beschauer, bei dem man natürlich Bekannt-
schaft mit den Werken des Dichters voraussetzen muss,
lieb und vertraut, und daher auch allgemein verständlich.
Nun ist zwar richtig, dass dieser Weg, wie wir ihn für
Fürsten, Feldherrn, Dichter u. s. w. empfohlen haben, nicht
überall sich einschlagen lässt und dass es Aufgaben giebt,
wo der Künstler zu andern Ideen greifen muss. Nehmen
wir z. B. an, es handle sich um ein Denkmal für einen
Componisten, das gleichfalls durch Einzelfiguren geschmückt
werden soll. War der Betreffende wesentlich Operncomponist, so lassen sich auch da, wie beim Dichter,
Hauptrepräsentanten seiner Opern statuarisch verwerthen;
denn wenn auch der Text bei der Oper in der Regel
Nebensache ist, so giebt doch ein bedeutender Componist
den meist farblosen Figuren des Textbuches erst durch
seine musikalische Auffassung das wahre Leben und
kann insofern als Schöpfer derselben gelten. Aber
schwieriger gestaltet sich die Aufgabe, wenn der Schwerpunkt der künstlerischen Thätigkeit des Componisten
auf einem andern Gebiete liegt. Hier wird dann in den
meisten Fällen zur Allegorie gegriffen werden: die Personifikation des Volksliedes, der Sinfonie u. dgl. ist das
nächstliegende, und es wird vielfach nichts anderes übrig
bleiben, als aus der Noth eine Tugend zu machen, obgleich ich den Künstler sehen möchte, der eine irgend
verständliche Allegorie der Sinfonie darzustellen im Stande

wäre; hat doch auch die von Begas versuchte Allegorie
des Volksliedes nur vermocht, die eine Seite des so
unendlich mannichfaltigen Begriffes zu verkörpern. Immerhin wird es, selbst mit Anwendung der für derartige
Aufgaben leider nicht zu missenden Allegorie, einem
geistreichen Künstler möglich sein, im gegebenen Falle
durch specielle Beziehungen die Allegorie aus dem
Gebiete der Allgemeinheit zu entrücken und sie in innere
Verbindung mit der Individualität dessen zu setzen,
dem das Denkmal gewidmet ist. Ein solcher glücklicher
Einfall ist z. B. der Prometheus am Fuss der Beethoven-
Statue von Zumbusch, der zunächst wohl die mit einem
tragischen Schicksal verbundene titanische Grösse des
Meisters versinnlichen soll, nebenbei aber auch an eine
bedeutende Schöpfung desselben erinnert. Ueberhaupt
ist, wenn nun schon einmal zur Allegorie gegriffen werden
muss, gegen die allegorische Verwendung der griechischen
Mythologie an und für sich um so weniger etwas einzuwenden, als dieselbe ja heutzutage jedem Gebildeten
bekannt und verständlicher ist, als die abstrakte Allegorie;
nur vor direkter Verbindung der mythologischen Figuren
mit modernen Persönlichkeiten, dergleichen wir oben er-
wähnten, möge man sich hüten: worauf wir noch einmal
zurückkommen werden.

Wir haben somit zugestanden, dass man die Allegorie zwar nicht von vornherein als für die Kunst unentbehrlich bezeichnen kann, dass es aber zahlreiche
Fälle giebt, wo die moderne Kunst, welche nicht gleich
der alten über eine grosse Zahl göttlicher Wesen mit einer
ursprünglich ihnen zu Grunde liegenden symbolischen Be-

deutung zu disponiren hat, ihrer nicht entrathen kann; und wenn man auch den Wunsch aussprechen darf, dass es besser wäre, den Künstlern gar nicht dergleichen Aufgaben zu stellen, die sie ohne Hilfe der Allegorie nicht lösen können, so muss man doch mit den thatsächlichen Verhältnissen rechnen und daher den Künstlern zugestehen, dass sie sich in solchen Fällen, wo es eben keinen Ausweg giebt, einer allgemein verständlichen und deutlichen Allegorie bedienen mögen. Wir haben als solche zunächst die bezeichnet, welche durch lange Uebung bekannt und einem jeden vertraut geworden sind. Es fragt sich aber weiter, ob der Künstler auch berechtigt sei, in solchen Fällen neue Allegorien zu schaffen. Unsere Zeit hat in der That dergleichen in ziemlicher Zahl neu erfunden; namentlich der Fortschritt und die Vermehrung der einzelnen Zweige der Wissenschaften, die grossartige Ausnutzung der Naturkräfte haben zu solchen Allegorien häufig Veranlassung gegeben. In der That fehlt nicht viel mehr dazu, dass man uns die allegorischen Gestalten der organischen und der anorganischen Chemie, der analytischen Geometrie oder der pathologischen Anatomie demnächst darstellen wird. Die Frage nach der Berechtigung solcher allegorischer Neuschöpfungen wird auch wesentlich darauf hinauslaufen, ob man nicht zunächst der Allegorie aus dem Wege gehen kann; und wenn das unmöglich, ob man im Stande ist, eine poetische und verständliche, nicht in die reinste Symbolik sich verlierende Allegorie zu schaffen. Und da wird schwerlich jemand darüber im Zweifel sein, dass die Allegorien der Wissenschaften streng genommen absolut zu verwerfen sind. Die Künste lassen sich allegorisch doch noch einigermassen charakterisiren; die bildenden Künste, die Baukunst, die Musik, die Poesie können theils durch Andeutungen der Technik, theils durch Verkörperung der mannichfaltigen seelischen Affekte, die bei ihnen ins Spiel kommen, wenn auch nicht vollkommen deutlich, so doch leidlich entsprechend dargestellt werden. Die Wissenschaft aber ist, trotz ihrer tausenderlei Zweige, im ganzen eine und dieselbe; es ist überall die gleiche Thätigkeit des Verstandes, gegenüber den durch jene Gestalten repräsentirten mannichfaltigen Aeusserungen der Phantasie; und mögen die Werkzeuge, mit denen die einzelnen Wissenschaften operiren, noch so verschieden, mögen es Bücher oder Pflanzen, mögen es optische oder physikalische Instrumente sein: kein Künstler wird im Stande sein, durch den seelischen Ausdruck die einzelnen Wissenschaften auseinanderzuhalten. Ich gebe zu, dass das auch bei den Künsten nicht leicht ist: aber immerhin ist hier wenigstens eine Individualisirung eher möglich, als bei den einzelnen Zweigen der Wissenschaft. Von derartigen Allegorien muss also gänzlich abstrahirt werden, und es kann demnach auch von Neuschöpfungen auf diesem Gebiete keine Rede sein. Eher noch liessen sich solche statuiren auf dem Gebiete der Naturkräfte, von denen wenigstens manche eine einigermassen verständliche Allegorie zulassen. Die Frage, ob Allegorie oder nicht, wird sich auch hier zu einer wesentlich praktischen gestalten. Nehmen wir an, es handele sich um den malerischen Schmuck des Innern eines Bahnhofgebäudes — eine Aufgabe, die in neuerer Zeit nicht selten vorkommt. Das Verfahren, welches wir oben für ein Universitätsgebäude empfahlen, anstatt einer Allegorie eine wirkliche Handlung zu malen, ist auch hier anwendbar: aber natürlich mit richtiger Auswahl, denn auch ich würde schliesslich eine allegorische Darstellung der Dampfkraft der sehr prosaischen eines dahinsausenden Bahnzuges oder einer sonstigen Darstellung des Eisenbahnlebens vorziehen. Wohl aber lassen sich Momente in der Entwicklungsgeschichte der betreffenden Technik ausfindig machen, welche sich zur malerischen Darstellung eignen; hat doch Adolf Menzel gezeigt, welche poetische Seiten man selbst den Gluthstätten eines Hohofens abgewinnen kann. Anders aber ist es auch hier wieder, wenn es sich um statuarische Ausschmückung handelt. Nun ist allerdings schon allen Ernstes vorgeschlagen worden, auch in solchen Fällen zum Realismus zu greifen; man hat in der That bei Gelegenheit des plastischen Schmuckes, den das neue Polytechnikum in Berlin erhalten soll, den Vorschlag gemacht, anstatt allegorischer Figuren, welche die verschiedenen Zweige der Technik und Industrie, welche diese Anstalt zu lehren bestimmt ist, statuarisch darzustellen, möge man wirkliche, aus dem Leben gegriffene Vertreter dieser Industrie und Gewerbszweige darstellen. Aber die das vorschlagen, übersehen, dass solche aus dem Leben gegriffene Bildwerke nothwendig Genre-Darstellungen werden müssen, und dass es absolut unthunlich ist, ein Gebäude in monumentaler Weise mit statuarischen Genrebildern zu schmücken; denn die statuarische Kunst hat andere Gesetze, als die Relief-Skulptur und die Malerei. Wie würde es aussehen, wenn man

einen Bahnhof mit den Statuen eines Heizers, Lokomotiv-
führers, Condukteurs u. dgl. ausstatten wollte! — Hier
bleibt also in der That dem Künstler kein anderer Ausweg, als die Allegorie, und da hier der vorhandene alte
Vorrath eingebürgerter Allegorien nicht ausreicht, so ist
er genöthigt, neue zu erfinden. Es ist das freilich auch
eine Acquisition, die man nur gezwungen in den Kreis
der Motive für die bildenden Künste aufnimmt; immerhin aber verhält es sich mit den Darstellungen von
technischen Fertigkeiten anders, als mit den oben unbedingt verworfenen von Wissenschaften. Denn das Endziel der Wissenschaft ist ein ideales, undarstellbares, und
die Werkzeuge, die man ihr beigeben kann, sind nur
Hilfsmittel, die mit dem schliesslichen Endzweck nichts
zu thun haben; bei einer Technik aber ist ein greifbares,
darstellbares Objekt das Ziel, mag es nun ein Haus,
ein Bild, eine Maschine u. s. w. sein, und dem Künstler, der sie allegorisch darzustellen hat, ist daher die
Möglichkeit gegeben, die Bedeutung seiner Figur wenigstens durch äusserliche Symbole erkennen zu lassen. Insofern aber auch diese Allegorien rein äusserliche sind
und bleiben müssen, da es unmöglich ist, sie psycho-
logisch zu charakterisiren, ergiebt sich auch hier als
Resultat, dass es am besten wäre, wenn unsere heutigen
Auftraggeber zu der Erkenntniss kämen, dass man die
Kunst mit solchen Aufgaben zu verschonen hat.

Wir kommen demnach zu dem Resultat, dass sowohl die Anwendung alter als die Erfindung neuer Allegorien für abstrakte Begriffe in Einzelfiguren unter Umständen statuirt werden müsse, aber nur wenn es keinen

andern Ausweg für den Künstler giebt, und wenn er
im Stande ist, sie deutlich und verständlich zu charakterisiren. Wie sehr misslich trotz alledem die Anwendung dieser Figuren ist, das geht schon daraus hervor,
dass in Folge der Eigenthümlichkeit nicht bloss unserer,
sondern aller Sprachen, dass die Mehrzahl der abstrakten
Begriffe weiblichen Geschlechts sind, auch die über-
wiegende Zahl der Allegorien Frauengestalten sein müssen. Begriffe wie der Krieg, der Handel, gehören zu
den Ausnahmen; und auch da kommt es nicht selten
vor, dass die Kunst nicht in der Lage ist, sich nach
dem Geschlechte des Begriffes zu richten, weil das auf
antiker oder auf der von der Antike durch das Mittelalter übernommenen Anschauung beruhende Gefühl des
Beschauers sich damit nicht vertragen würde. Mag auch
Schiller den Frieden einen »lieblichen Knaben« nennen,
die Kunst fasst ihn doch fast durchweg weiblich, weil
die Tradition es so verlangt. Ebenso verhält es sich mit
den geschlechtslosen Begriffen, wie z. B. das Glück; die
durchgehend weibliche Vorstellung desselben beruht auf
der traditionellen Ueberlieferung der Fortuna. Bei andern, wo eine solche traditionelle Auffassung nicht vorliegt, verfahren die Künstler meist nach Belieben; die
Elemente z. B., wie Feuer und Wasser, werden bald
männlich, bald weiblich dargestellt. Dass solche Un-
sicherheiten der künstlerischen Ausdrucksweise Uebel-
stände sind und das Verständniss der Bildwerke vielfach beträchtlich erschweren, liegt auf der Hand. Eine
Figur, wie der Krieg an dem neuen Denkmal auf dem
Niederwald, wird für Franzosen oder Italiener, in deren

Sprache der Krieg weiblich ist, zunächst ganz unverständlich sein.

Es handelt sich nun aber auch noch um eine weitere Frage: wenn der moderne Künstler in gewissen Fällen sich der einfachen Allegorie bedienen darf, ist er auch berechtigt, complicirte Allegorien, Handlungen oder Gedanken in allegorischer Form darzustellen? — Nach dem, was wir schon früher über derartige Darstellungen gesagt haben, ergiebt sich, dass man da zwischen zwei Gattungen unterscheiden muss: solchen, wo lauter allegorische Persönlichkeiten dargestellt resp. zu einer Handlung vereinigt sind, und solchen, wo wirkliche oder historische Persönlichkeiten mit allegorischen in einer Darstellung verbunden sind. Es kann keinem Zweifel unterliegen, dass Darstellungen der letztern Art unter allen Umständen zu verurtheilen sind. Hier können wir uns durchaus nicht auf das Beispiel der Griechen berufen. Ein griechischer Künstler konnte allerdings den Alkibiades im Schosse einer Personifikation von Nemea vorstellen, konnte den gefesselten Kriegsgott hinter dem Wagen Alexanders einhergehen lassen oder den letzteren gruppiren mit den Dioskuren, mit Pan u. s. w. Dafür ist eben seine Religion eine polytheistische, er denkt sich seine Allegorie als individuelle göttliche Person und mit dieser kann er seinen Helden. ebensogut zusammenstellen, wie der christliche Maler einen Donator mit der Madonna oder mit Heiligen gruppirt, ohne dass man ihn deswegen der Allegorie beschuldigte. Wenn aber ein moderner Künstler eine historische Persönlichkeit mit altmythologischen oder mit neuersonnenen Abstraktionen umgiebt, dann verlässt er das Gebiet der historischen Kunst, um dafür ein durchaus unsicheres, nebelhaftes Terrain zu betreten; anstatt einen bestimmten historischen Vorgang für jedermann verständlich vorzustellen, verliert er sich in rebusartige Gedankenmalerei. — Diderot sagt sehr richtig, er könnte um keinen Preis, es wäre denn in einer Apotheose oder etwas derartigem, die Vermischung allegorischer und wirklicher Wesen dulden, und der in ästhetischen Dingen sonst oft sehr befangene Abbé Dubos bemerkt bei Gelegenheit von Rubens' Darstellungen aus dem Leben der Maria von Medicis, Rubens hätte bei Darstellung ihrer Niederkunft an Stelle der bei der Handlung betheiligten Genien und andern allegorischen Wesen besser die Hebammen der Königin gemalt. Nichts stört in einer historischen Composition so sehr, als die Anwesenheit einer nicht realen, dem Gebiet des Ueberirdischen angehörigen Persönlichkeit, es sei denn, dass jemand visionäre Dinge, Brutus vor der Schlacht bei Philippi u. dgl. malt, wo das Motiv selbst das Hineinragen der Geisterwelt gebietet. Und selbst wenn der Künstler nicht die Absicht hat, ein streng historisches Werk zu liefern, wenn er darauf ausgeht, die tiefere Bedeutung einer historischen Persönlichkeit oder eines wirklichen Vorganges durch Zuhilfenahme der Allegorie zu verdeutlichen, auch da heisst es sehr Masshalten. Apotheosen, für welche Diderot Ausnahmen statuirt, sind überhaupt in den meisten Fällen für unsern heutigen Standpunkt etwas Geschmackloses; denn es ist überhaupt geschmacklos, heutzutage den ganzen mythologischen Apparat der Griechen in Scene zu setzen und irgend

einen modernen Dichter oder Künstler von Apoll und
den Musen oder wo möglich vom gesammten Olymp
empfangen zu lassen, für welche Feier man überdies noch
genöthigt ist, damit das Ganze nicht als Carrikatur erscheine, den Betreffenden seines alltäglichen Costüms zu
entkleiden und ihm dafür den griechischen Mantel, den
er nie getragen, und die Lyra, die er nie gespielt, bei-
zulegen. Apotheosen sind für die moderne Kunst nur
denkbar vom streng christlichen, besser sogar gesagt vom
streng katholischen Standpunkte: eine Aufnahme in den
Kreis der Seligen hat wenigstens dann eine vollkommene
·Berechtigung. Wo aber diese Auffassung nicht möglich
ist, da bleibe der Künstler derartigen Aufgaben möglichst
fern, und kann er sie nicht umgehn, so gestalte er sie
möglichst phantastisch, entrücke sie möglichst allen bestimmten Beziehungen auf griechische oder christlich-
allegorische Götterwelt. Der wichtigste Gesichtspunkt
wird auch hier immer die Allgemeinverständlichkeit und
Deutlichkeit der Vorstellung sein.

Das Gleiche gilt von den Grabdenkmälern, bei denen
hoffentlich niemand mehr jenen oben besprochenen figurenreichen Allegorien das Wort reden wird. Man könnte
mich nun freilich fragen: »Was soll man Besseres denn an
ihre Stelle setzen? — Diese ewig wiederkehrenden Todes-
engel oder Todesgenien sind auf die Dauer doch auch lang-
weilig, ganz abgesehen davon, dass sie selbst wieder Allegorie sind!« — Auf solche Frage kann man natürlich nur
eine bedingte Antwort geben: es hängt nämlich der Gedanke für ein Grabmonument von so mancherlei persön-
lichen Zufälligkeiten und Verhältnissen ab, dass allgemeine

Vorschriften darüber sich nicht geben lassen. So hängt
z. B. viel davon ab, welchen Standpunkt der Besteller
eines derartigen Monuments einnimmt, namentlich ob
er als Anhänger eines positiven Glaubens den Gedanken
an ein Jenseits verkörpert wissen will, an das Fortleben
nach dem Tode resp. an ein bevorstehendes Wieder-
sehen, oder ob er mehr ein Motiv aus dem Leben
des Verstorbenen gewählt wünscht. Im ersteren Falle
muss natürlich der Boden der realen Wirklichkeit verlassen werden; aber zur Allegorie zu greifen hat man doch
auch deshalb noch nicht nöthig. Auf dem wundervoll
gelegenen Friedhof von San Miniato bei Florenz sah ich
das Grabmal zweier Schwestern, die in zartem Kindes-
alter, wie man annehmen muss schnell nacheinander,
gestorben waren; beide ruhten im gleichen Grabe. Die
zuerst gestorbene Schwester, um wenige Jahre älter als
die andere, war am oberen Rande des Grabhügels auf-
rechtstehend und ein Kreuz mit dem einen Arm um-
schlingend dargestellt; nicht in ihrer gewöhnlichen Tracht,
sondern verhüllt, gleichsam im Leichentuch, doch ohne
dass das Abschreckende dieser Bekleidung irgendwie
hervorgehoben war: im Gegentheil, das jugendliche Ge-
sichtchen blickte klar und unentstellt durch die zarten
Falten des das Antlitz bedeckenden Schleiers hindurch.
Freundlich winkt sie dem Schwesterchen, welches in seiner Alltagstracht sorglos nach Kinderart mit seiner Puppe
beschäftigt war: jetzt aber, alles vergessend, ihr Kinder-
stühlchen umwerfend, ihre Puppe zu Boden schleudernd,
stürzt sie mit offenen Armen der vorangegangenen Schwester
entgegen. Ich bin weit davon entfernt, dem krassen

Realismus, womit der italienische Künstler die Figuren behandelt hatte, namentlich der minutiösen Ausführung der Details in Kleidung, Gewandstoffen u. dgl., worin ja bekanntlich die moderne italienische Skulptur brillirt, hier das Wort reden zu wollen: aber ich gestehe, dass ich dessenungeachtet die Gruppe nie ohne eine gewisse Rührung habe betrachten können, so glücklich erschien mir hier der Gedanke der Wiedervereinigung zweier früh-verstorbener Kinder symbolisch und doch deutlich und einfach, ohne Zuhilfenahme jeglichen allegorischen Bei-werks ausgedrückt; ja ich sollte meinen, dass eine der-artige Vorstellung selbst geeignet ist, in die bekümmerten Elternherzen eine Art Trost zu giessen; und auch dies darf man ja als Aufgabe eines Grabdenkmals betrachten.

Das Motiv des Sterbens selbst ist nicht so leicht künstlerisch zu verwerthen, wenn man nicht zu allegorischen Figuren greifen will; dass aber hier selbst der Realismus unter Umständen von bedeutender Wirkung sein kann, dafür will ich als Beispiel ein anderes Werk eines modernen ita-lienischen Bildhauers anführen, das derselbe seiner Gattin auf dem neuen Campo santo von Rom gesetzt hat. Die Verstorbene, eine schöne Frau, deren Züge Spuren des Leidens tragen, aber nichts weniger als im Todes-kampfe verzerrt sind, sitzt in einem Lehnstuhl; sie hat ihren Sohn, einen Knaben von etwa zehn Jahren, zu sich gerufen, um ihm das letzte Lebewohl zu sagen; seinen Lockenkopf an sich pressend drückt sie ihm den Ab-schiedskuss auf die Stirne. Die am Postament stehenden Worte: »Liebe Deinen Vater und Dein Vaterland!« geben dazu noch eine Art Commentar, dessen man aber zum

Verständniss der fein ersonnenen, obgleich wieder mit
übermässigem Raffinement in der Technik ausgeführten
Gruppe kaum bedarf. — Derartige Motive, welche den
Tod selbst darstellen, ohne abstossend zu wirken und
das Schreckliche des Todeskampfes hervortreten zu lassen,
sind freilich nicht immer disponibel: aber ist es denn
überhaupt nöthig, die Beziehung auf den Tod bei einem
Grabdenkmal so stark zu betonen? — Gerade hier können
uns die Griechen zum Muster dienen, die ja auch auf ein
Leben nach dem Tode hofften, sich aber in ihren Grabdenkmälern in der Regel aller Allegorie enthielten und
dafür entweder Scenen aus dem täglichen Leben der
Verstorbenen oder des Abschieds darstellten. Welche
Fülle von Motiven bieten jene herrlichen attischen Grab-
reliefs nicht auch für die heutige Zeit einem Künstler,
welcher das allgemein Menschliche darin zu erfassen und
auf unsere Verhältnisse zu übertragen weiss! — Das früh-
verstorbene Kind spielt mit seinem Vögelchen, der Jüngling beschäftigt sich mit dem Diskus, den er im Leben so oft
geschwungen, den Krieger sehen wir im Augenblick einer
kühnen Waffenthat oder ruhig auf seinen Speer gelehnt,
die Jungfrau beschäftigt sich mit ihrem Schmuck, die
Frau und Mutter ist umgeben vom Kreise ihrer Lieben,
die Kinder drängen sich an sie heran, selbst das Hünd-
chen lässt es sich nicht nehmen, liebkosend an ihr herauf-
zuspringen, und der in der Nähe stehende Spinnkorb
kennzeichnet die sorgsame Hausfrau. Hier liegt in der
That ein reicher Schatz von Motiven zu heben, welchen
sich unsere Bildhauer hoffentlich nicht entgehen lassen
werden.

Ich habe an einigen Beispielen gezeigt, wie man den früher so beliebten Verbindungen menschlicher Persönlichkeiten mit allegorischen aus dem Wege gehen kann. Es bleibt uns noch ein Wort über solche Compositionen zu sagen, welche rein aus allegorischen Figuren bestehen und meist die Tendenz haben, einen abstrakten Gedanken in abstrakter Form zu versinnlichen; Darstellungen also wie des Apelles mehrfach erwähnte Verleumdung. Da ist es denn meine feste Ueberzeugung, dass die Kunst sich von derartigen Künsteleien gänzlich fern halten soll. Selbst ein sonst so fein ersonnenes und so genial ausgeführtes Bild, wie Hennebergs Jagd nach dem Glück, kann mich in dieser Ueberzeugung nur bestärken. Der Gedanke, welchen der Künstler in seinem Bilde zur Erscheinung bringen will, ist ein so complicirter, dass er eine Menge symbolischer und allegorischer Beziehungen anzubringen genöthigt ist, welche der Beschauer unmöglich beim ersten Blick übersehen kann, die er erst langsam, nach und nach, herausfinden und sich deuten muss; und jedes Kunstwerk, welches erst nach und nach verstanden werden kann, welches nicht sofort beim ersten Anblick schon wenigstens in seiner Totalität erfasst und begriffen wird, muss seiner Grundidee oder Anlage nach als verfehlt bezeichnet werden, mag man selbst bei eingehenderem Studium Wohlgefallen daran empfinden. Mit vollem Recht warnt Lessing die Maler vor Darstellung collektiver Handlungen; jede weitläufige Allegorie verfällt in den gleichen Fehler, und fast immer werden zusammengesetzte Allegorien auch weitläufig sein. Beschränktere zusammengesetzte Allegorien, welche einen einfachen Gedanken in

wenig Figuren und ohne irgendwelche, erst durch Nach-
denken zu lösende symbolische Beziehung darstellen, kann
man so gut, wie wir es mit vereinzelten allegorischen Figuren
gethan haben, unter der Voraussetzung allgemeiner Deutlichkeit und Verständlichkeit immerhin gestatten, also
etwa eine Composition wie Kephisodots erwähnte Eirene
mit Plutos; aber jedes Hinausgehen über die Zweizahl
hat seine Bedenken. Denn während eine Gruppencomposition wirklicher Persönlichkeiten an den Beschauer
nur die Aufgabe stellt, die Beziehungen der Figuren untereinander, nicht aber ihre Bedeutung zu errathen, da diese
sofort klar am Tage liegen muss, stellt die allegorische
Composition zunächst erst die Forderung, dass man die
tiefere Bedeutung der Figuren erkenne; erst dann kann
man sich die Beziehungen, in welche sie zu einander gesetzt sind, klar machen. Je grösser nun die Zahl dieser
allegorischen Figuren ist, um so mehr Zeit und Mühe
nimmt diese vorausgehende Thätigkeit ihrer Deutung in
Anspruch, um so später und langsamer kommt man zum
Verständniss des Ganzen: das Werk selbst aber wendet
sich nicht, wie ein Kunstwerk es thun soll, an die Phantasie, sondern an den Verstand, der es auch geboren
hat, und darum wird es nie erwärmen, nie zu Herzen
gehn.

Wir sind am Ende unserer Betrachtung angelangt.
Die Entwicklung der allegorischen Bildhauerei im Alterthum, Mittelalter und Neuzeit hat uns zu der Ueberzeugung
geführt, dass diese Richtung nur da als gesund und lebens-
fähig betrachtet werden kann, wo sie im innigsten Zusammenhang mit religiöser und poetischer Anschauung

steht, dass aber, wo dieser aufhört, auch der allegorischen Kunst der Boden entzogen wird. Darum haben wir in der Theorie die Allegorie als für die heutige Kunst überhaupt verwerflich bezeichnet; und wenn wir im Vorangehenden für die Praxis gewisse Ausnahmen statuirt haben, so war das nur eine Concession an die augenblicklich bestehenden und nicht mit einem Schlage umzugestaltenden Verhältnisse in unserer Kunstwelt. Dass der freie Künstler die Allegorie gänzlich meiden, dass der durch die Beschaffenheit irgend eines Auftrags gebundene Künstler von der Allegorie nur im bescheidensten Masse und vor allem in verständlicher Weise Gebrauch machen soll, das ergiebt sich als das Gesammtresultat der vorliegenden Untersuchung; zugleich aber auch der Wunsch, dass die Auftraggeber immer mehr und mehr zu dem Bewusstsein kommen mögen, dass die heutige Kunst mit derartigen Aufträgen zu verschonen sei. Ihre Aufgaben liegen auf einem andern Gebiete, als die der alten und der specifisch christlichen Kunst; und auch für sie gilt, unbeschadet der idealen Richtung, an der sie festzuhalten hat, das Dichterwort:

> Greift nur hinein in's volle Menschenleben! —
> Und wo ihr's packt, da ist's interessant!

LAOKOON-STUDIEN II.

In meinem Verlag ist Ende 1881 erschienen:

LAOKOON-STUDIEN

VON

H. BLÜMNER.

ERSTES HEFT.

ÜBER DEN GEBRAUCH DER ALLEGORIE

IN DEN BILDENDEN KÜNSTEN.

Klein 8. 1881. (VI. 91 Seiten.)

Geheftet M. 2 —.

In ganz Schweinslederband gebunden M. 3. 50.

AKADEMISCHE VERLAGSBUCHHANDLUNG

VON J. C. B. MOHR

IN FREIBURG i. B. UND TÜBINGEN.

LAOKOON-STUDIEN

VON

H. BLÜMNER.

ZWEITES HEFT.

ÜBER DEN FRUCHTBAREN MOMENT
UND DAS TRANSITORISCHE IN DEN BILDENDEN
KÜNSTEN.

FREIBURG I. B. & TÜBINGEN 1882.

AKADEMISCHE VERLAGSBUCHHANDLUNG VON J. C. B. MOHR

(PAUL SIEBECK).

VORWORT.

Ich würde es mir erspart haben, diesem zweiten Hefte meiner Laokoon-Studien ein eigenes Vorwort beizugeben, wenn ich nicht durch eine besondere Veranlassung mich dazu genöthigt sähe. Herr V. V. hat in einer vor kurzem erschienenen Besprechung des ersten Heftes (im Beiblatt zur Zeitschrift für bildende Kunst Nr. 37 vom 8. Juni 1882), welche ich hiermit für meine Leser etwas »niedriger hänge«, es getadelt, dass ich die vorliegenden Aufsätze, welche die Untersuchungen in eine ganz andere Bahn lenkten, als in welcher die lessingischen sich bewegten, »Laokoon-Studien« genannt hätte. Solche hätten sie wohl werden können, wenn ich wie Lessing »die Sache aus ihren ersten Gründen hergeleitet hätte«; nun aber verdienten meine Untersuchungen jenen Namen nur, insofern sie ihre Anregung im Studium von Lessings Laokoon gefunden haben. »Da der Titel aber nothwendig den Gedanken erwecken muss, als fände man hier Studien im Geiste Lessings, so ist er ein falscher und für den Verfasser ein wenig glücklicher. Er ruft für seine Untersuchungen einen Massstab auf, der für seine Arbeit nicht passt: bei ihm ist Hauptsache, was für Lessing nur Beihilfe ist — die kunsthistorische Betrachtung; bei ihm ist Nebensache, was bei Lessing Hauptsache ist: Entwicklung der Frage aus ihren ersten Gründen mit

Hilfe der Schärfe des Denkens und der Klarheit der
Anschauung.«

Um zu verhüten, dass ich etwa in meiner Tendenz auch von anderer Seite noch so missverstanden
werde, wie von Herrn V. V., erkläre ich hiermit (was
ich allerdings für selbstverständlich gehalten hatte),
dass ›Laokoon-Studien‹ nichts weiter heissen soll
als ›Studien zu Lessings Laokoon‹; oder wem das
noch nicht genügt, der sage meinetwegen ›Untersuchungen über Fragen aus Lessings Laokoon.‹ Darin
liegt, dächte ich, zur Genüge ausgesprochen, dass
ich nur das Thema aus dem Laokoon entnehme,
mir aber betreffs der Art der Behandlung durchaus
die Freiheit des einzuschlagenden Weges reservire,
mir auch keineswegs anmasse, etwa eine Fortsetzung
des Laokoon im lessingischen Geiste geben zu wollen.
Wenn das aber dem Herrn Recensenten immer noch
nicht genügen sollte, so bitte ich ihn, in Gottes
Namen den Generaltitel ganz ausser Acht zu lassen
und sich nur an den Specialtitel jedes einzelnen
Heftchens zu halten; wenn er dann mit meiner Behandlungsweise und dem von mir gewählten Wege der
Untersuchung unzufrieden ist, so ist das durchaus
sein Recht; nur das wollte ich mir verbitten, dass man
aus dem von mir gewählten gemeinsamen Titel für
diese Aufsätze Schlussfolgerungen ziehe, welche mir
selbst dabei durchaus fern gelegen haben.

›ME TENER SOLVET VITULUS . . .‹?

Zürich im September 1882.

H. Blümner.

ÜBER DEN

FRUCHTBAREN MOMENT

UND DAS

TRANSITORISCHE

IN DEN

BILDENDEN KÜNSTEN.

————

Zu den hervorragendsten Punkten der im Laokoon aufgestellten Gesetze für die bildenden Künstler, freilich auch zu denen, welche die meiste Anfechtung erfahren haben, gehören die Forderungen, welche Lessing an ein Kunstwerk bezüglich der Wahl des dargestellten Momentes stellt. Zwar die Forderung, dass die bildende Kunst, die durch ihre materiellen Schranken an einen einzigen Augenblick gebunden sei, nicht gleich der Poesie eine Folge von Augenblicken darstellen könne, darf als eine allgemein anerkannte betrachtet werden. Nicht erst Lessing war mit dieser Forderung hervorgetreten; schon Shaftesbury hatte auf die Nothwendigkeit einer einheitlichen Handlung, auf das Unstatthafte der Ueberschreitung des dargestellten Momentes hingewiesen, nicht minder der von Lessing im Laokoon selbst mehrfach angeführte Richardson; und ganz besonders hatten die französischen Aesthetiker des achtzehnten Jahrhunderts die für das Drama geforderten drei Einheiten der Handlung, des Orts und der Zeit auch auf die bildenden Künste übertragen. Aber wenn diese Forderung von keiner Seite Widerspruch erfahren hat, wie denn auch die Künstler selbst in der Regel sich keine Verstösse dagegen zu Schulden kommen liessen, so vermissen wir dagegen bei den Vorgängern Lessings durchweg ein näheres und präciseres Eingehen auf die Frage, welcher unter den verschiedenen Momenten einer Handlung vom bildenden Künstler am besten gewählt werde, resp. ob irgend einer darunter vornehmlich, ein anderer dagegen gar nicht zur Darstellung geeignet sei. Freilich sind manche unter diesen Vorgängern, über die ich in der Einleitung zu meiner zweiten Ausgabe des Laokoon ausführlicher gehandelt habe, den Gedanken, die Lessing hierüber entwickelt, schon ziemlich nahe gekommen. Der Graf Shaftesbury handelt in seiner i. J. 1713 erschienenen Schrift: »Idee des historischen Gemäldes« von den verschiedenen Momenten, welche ein Künstler aus der Fabel des »Herkules am Scheidewege« darstellen könnte. Er bezeichnet vier darin als möglich: 1) den Augenblick, wo die beiden Göttinnen den Herkules anreden; 2) wo sie ihren Streit untereinander beginnen; 3) wo der Streit beendigt ist und die Tugend im Begriffe scheint, den Sieg davonzutragen; und 4) wo Herkules durch die Tugend gänzlich gewonnen ist. Indem nun Shaftesbury den dritten Moment als den für die malerische Darstellung am meisten geeigneten bezeichnet, weil der Hauptgedanke dadurch am besten ausgedrückt werde, während beim vierten kein Raum mehr bleibe für den in der Miene des Herkules sich ausdrückenden Gemüthskampf, steht er bereits auf dem von Lessing eingenommenen Standpunkte, dass der äusserste Moment einer Handlung oder die höchste Staffel des Affektes kein passender Vorwurf für die Kunst sei, dass der gewählte Moment vor allen

Dingen fruchtbar sein müsse. — Noch näher kam dem Standpunkte Lessings der ihm vielfach so geistesverwandte Diderot, welcher sowohl in seinem »Brief über die Taubstummen«, als in seinem »Essai über die Malerei« und in den »Verstreuten Gedanken über Malerei, Skulptur, Architektur und Poesie« Forderungen betreffs der Wahl des Augenblicks aufgestellt hat, die uns durchaus lessingisch anmuthen.

Indessen so nahe immerhin auch die Genannten an Lessings Gedanken herangekommen sind, so sind es doch immer mehr gelegentliche Aperçus, als eine scharfe und bestimmte Darlegung dessen, was bei der Wahl des von der Kunst darzustellenden Augenblicks vor allem im Auge zu behalten sei. Hiervon handelt Lessing im dritten Abschnitt seines Laokoon. Indem er darauf hinweist, dass der Künstler von der immer veränderlichen Natur nie mehr als einen einzigen Augenblick brauchen kann und der Maler insbesondere diesen einzigen Augenblick auch nur aus einem einzigen Gesichtspunkt brauchen kann, kommt er zu der Forderung, dass jener einzige Augenblick und einzige Gesichtspunkt vor allen Dingen fruchtbar gewählt werden müsse. »Dasjenige aber nur allein ist fruchtbar, was der Einbildungskraft freies Spiel lässt. Je mehr wir sehen, desto mehr müssen wir hinzu denken können. Je mehr wir dazu denken, desto mehr müssen wir zu sehen glauben. In dem ganzen Verfolge eines Affektes ist aber kein Augenblick, der diesen Vortheil weniger hat, als die höchste Staffel desselben. Ueber ihr ist weiter nichts, und dem Auge das Aeusserste zeigen heisst der Phantasie die Flügel binden und sie nöthigen, da sie über den sinnlichen Eindruck nicht hinaus kann, sich unter ihm mit schwächeren Bildern zu beschäftigen, über die sie die sichtbare Fülle des Ausdrucks als ihre

Grenze scheuet.« Als Beispiel dient die Laokoongruppe:
»Wenn Laokoon also seufzet, so kann ihn die Einbildungskraft schreien hören; wenn er aber schreit, so
kann sie von dieser Vorstellung weder eine Stufe höher,
noch eine Stufe tiefer steigen, ohne ihn in einem leid-
licheren, folglich uninteressanteren Zustande zu erblicken.
Sie hört ihn erst ächzen oder sie sieht ihn schon todt.« —
Weiterhin beruft sich Lessing auf die Medea des Timomachos, welche nicht in dem Augenblicke erfasst war,
in welchem sie ihre Kinder ermordet, sondern einige
Augenblicke vorher, da die mütterliche Liebe noch mit
der Eifersucht kämpft: »Wir sehen das Ende dieses
Kampfes voraus. Wir zittern voraus, nun bald bloss die
grausame Medea zu erblicken, und unsere Einbildungskraft gehet weit über alles hinweg, was uns der Maler
in diesem schrecklichen Augenblicke zeigen könnte. Aber
eben darum beleidiget uns die in der Kunst fortdauernde
Unentschlossenheit der Medea so wenig, dass wir vielmehr wünschen, es wäre in der Natur selbst dabei geblieben, der Streit der Leidenschaften hätte sich nie entschieden oder hätte wenigstens so lange angehalten, bis
Zeit und Ueberlegung die Wuth entkräften und den mütterlichen Empfindungen den Sieg versichern können.« —
Als drittes Beispiel dient der rasende Ajax desselben
Künstlers, welchen der Meister nicht zeigte, wie er unter
den Herden wüthet und Rinder und Böcke für Menschen
fesselt und mordet, sondern wie er nach diesen wahn-
witzigen Handlungen ermattet dasitzt und den Anschlag
fasst, sich selbst umzubringen. »Und das ist wirklich der rasende Ajax; nicht weil er eben jetzt raset, sondern weil
man sieht, dass er geraset hat; weil man die Grösse
seiner Raserei am lebhaftesten aus der verzweiflungsvollen
Scham abnimmt, die er nun selbst darüber empfindet.

Man sieht den Sturm in den Trümmern und Leichen, die er an das Land geworfen.«

Machen wir uns zunächst klar, was die lessingische Forderung eigentlich besagen will. Der gewählte Augenblick einer Handlung oder eines Affektes soll also fruchtbar sein, d. h. er soll der Einbildungskraft freien Spielraum lassen, nicht bloss überhaupt thätig zu sein, sondern sich zu höheren Bildern, als die Sinne wahrnehmen, zu erheben. Damit ist nun aber nicht gemeint, dass der Künstler nur einen Augenblick wählen solle, welcher vor der höchsten Staffel des Affektes liegt; vielmehr zeigt das von Lessing selbst angeführte Beispiel des rasenden Ajax, dass auch ein späterer Augenblick in diesem Sinne fruchtbar sein kann, indem die arbeitende Phantasie rückwärts geht und auch im späteren Moment noch jene höchste Staffel des Affektes sich vorzustellen weiss, welche wir bei der kindermordenden Medea erst als bevorstehend erkennen. Wenn daher Lessing im sechzehnten Abschnitt einen solchen Augenblick den »prägnantesten, aus welchem das Vorhergehende und Folgende am begreiflichsten wird«, nennt, so ist das zwar an jener Stelle, wo es sich für ihn nur um den Gegensatz zu der Poesie handelt, wohl genügend, nicht aber an und für sich; denn in diesem Sinne prägnant kann auch irgend ein Moment sein, welcher deshalb noch keineswegs fruchtbar im Sinne der obigen Definition wäre. Als Hauptsache kommt es vielmehr ganz besonders darauf an, dass der fruchtbare Moment die höchste Staffel des Affektes ausschliesst; sonst kann sowohl ein der Zeit nach dieser vorhergender, als ein ihr folgender Augenblick für die Kunst geeignet sein.

Sehen wir uns nun, ehe wir diese Forderung auf ihre Berechtigung hin prüfen, vorerst um, wie sich die

nachlessingische Aesthetik dazu gestellt hat. Ganz auf
lessingischem Standpunkte, obgleich aus andern Gründen,
steht Schiller, welcher in seinem Aufsatz »über das
Pathetische« alle absolut höchsten Grade des Affektes
ebenso dem Künstler als dem Dichter untersagt; denn
alle solche setzen die Unterdrückung der innerlich widerstrebenden Kraft voraus, weil kein Affekt seinen absolut
höchsten Grad erreichen könne, so lange die Intelligenz
im Menschen noch einigen Widerstand leiste. — Inter-
essanter noch ist ein Aufsatz Schillers in den Propyläen,
worin gelegentlich der von den Weimarer Kunstfreunden
gestellten Aufgabe für ein Gemälde, den Raub der Pferde
des Rhesus vorstellend, die Wahl des Momentes besprochen
wird. Schiller greift hier vornehmlich zwei Momente
heraus: den Augenblick des wirklichen Ermordens des
Rhesus und den Augenblick nach der That, unmittelbar
vor dem Abzuge; indessen auch hier ist der Gedanke,
welcher ihn zur Bevorzugung des zweiten Momentes veranlasst, ein etwas anderer, als Lessings Hervorheben
des Fruchtbaren: Schiller verwirft den Augenblick der
Ermordung, weil das Bild dadurch einen zu pathetischen
Charakter bekäme, der ermordete König die Hauptperson
und unser Mitleid interessirt würde, während doch die
beiden griechischen Helden die Hauptpersonen bleiben
sollten. Ist demnach auch die Motivirung hier eine andere, so ist das gewählte Bild doch ein solches, das
sehr gut auch zur Illustrirung der lessingischen Forderung gepasst hätte. Denn eben jener Augenblick der Ermordung ist insofern kein fruchtbarer, als er das Folgende,
den Raub der Pferde, nicht erkennen lässt; und selbst
wenn man dies annehmen wollte, so wäre doch dieser
folgende Augenblick in seinem Verhältniss zu dem dargestellten ein um so viel schwächerer, dass die Phantasie

des Beschauers von der Stufe, auf welche sie durch den dargestellten Moment erhoben wird, nothwendig herunter- steigen muss.

· Etwas anders stellt sich Hegel zu der vorliegenden Frage. Auch er stellt die Forderung, dass der Moment fruchtbar sei; aber er schliesst die äusserste Stufe der Handlung nicht aus. »Die Malerei,« sagt er in seiner Aesthetik, »kann die Entwicklung einer Situation, Be- gebenheit, Handlung nicht, wie die Poësie oder Musik, in einer Succession von Veränderungen geben, sondern nur einen Moment ergreifen wollen. Hieraus folgt die ganz einfache Reflexion, dass durch diesen einen Mo- ment das Ganze der Situation oder Handlung, die Blüthe derselben dargestellt und deshalb der Augenblick auf- gesucht werden muss, in welchem das Vorhergehende und Nachfolgende in einen Punkt zusammengedrängt ist. Bei einer Schlacht z. B. würde dies der Moment des Sieges sein. Das Gefecht ist noch sichtbar, zugleich aber die Entscheidung bereits gewiss. Der Maler kann daher einen Rest des Vergangenen, das sich in seinem Abziehen und Verschwinden noch in der Gegenwart geltend macht, aufnehmen, und zugleich das Künftige, das als unmittelbare Folge aus der bestimmten Situation hervorgehen muss, andeuten.« — Wir sehen, Hegels For- derung stimmt mehr mit Lessings allgemeiner Bestimmung des prägnanten Momentes, als mit seiner für den frucht- barsten Moment geforderten Ausschliessung der höchsten Stufe des Affektes überein; ja, im Gegentheil, der frucht- barste Moment im Sinne Hegels wird sogar oft eben diese äusserste Staffel repräsentiren. Ganz das Gleiche ist der Fall bei Zimmermann, der im wesentlichen hierin dem hegelschen Standpunkte folgt. »Soll durch die Plastik,« sagt Zimmermann in seiner Aesthetik, »ihrem Charakter entgegen, Nichtbeharrendes, in Veränderung Begriffenes, sollen nicht vollendete, sondern geschehende Thatsachen, Handlungen dargestellt werden, deren verschiedene Stadien in verschiedene Zeitmomente fallen, so muss dieses, da es in mehreren geschieht und nur in einem Zeitpunkt gesehen werden kann, in lyrischer Form, d. h. in einem einzigen oder besser in gar keinem Zeitmoment, sondern herausgehoben aus der Zeit dargestellt werden. Da nun dieses nicht möglich ist, sondern die Begebenheit sowohl als die Handlung eine Folge von Zuständen in der Zeit umfasst, deren jeder anders als der vorhergehende und der nachfolgende ist, die sichtbare Darstellung also nothwendig nur einen dieser Zustände versinnlichen kann, so folgt, dass die geforderte lyrische Zeitlosigkeit doch annähernd durch die Wahl desjenigen Zustandes in der Reihe der nacheinander folgenden erreicht werden müsse, mit welchem der frühere und der spätere zusammen zwar nicht sichtbar aber errathbar, und durch den also annähernd wenigstens die ganze Reihe gegeben ist. Dieser Zustand ist jener des sogenannten fruchtbarsten Momentes. Dieser kann weder der Anfangs-, noch der Schlusszustand, er muss, da aus ihm sowohl das Frühere als das Spätere errathen werden soll, ein Zustand aus der Mitte der Veränderungsreihe sein. Da die früheren sowohl wie die späteren aus ihm erkannt werden sollen, so muss er selbst mit den früheren sowohl als mit den späteren in einem Causalzusammenhang stehen, d. h. er muss aus den früheren und die späteren aus ihm hervorgegangen sein.«

Es fehlt aber unter den modernen Aesthetikern auch nicht an solchen, welche nicht bloss Lessings Beschränkung des Fruchtbaren, sondern überhaupt die Forderung der Wahl des fruchtbarsten Momentes an sich bekämpfen.

Vischer will dem Bildner volle Freiheit in der Wahl des Augenblickes verstatten; »er möge das eine Mal das Stärkere, Fruchtbarere, Aeusserste, das andere Mal das Rückschnellen der gespannten Saite, jetzt ein wildes Ansteigen, jetzt ein ruhiges Absteigen unserer eigenen Phantasie zu bilden überlassen. Nicht ein Aeusserstes überhaupt, sondern ein Aeusserstes besonderer Art ist ihm verboten, ein solches, das aus weiteren qualitativen Stilgesetzen unauflösbar hässlich ist.« — Und in ähnlichem Sinne sagt L. Feuerbach in seinem »vaticanischen Apollo«: »Dass diese Wahl des fruchtbarsten Momentes ein unverbrüchliches, der Plastik wesentliches Gesetz sei, muss geleugnet werden. Genau genommen beruht sie auf einer blossen Accommodation des Bildners an den Beschauer. Der griechische Künstler indessen hatte keinen vernünftigen Grund, die Einbildungskraft des Beschauers in Fesseln zu legen und einer Psyche die Flügel zu binden, von deren Gunst vielleicht der letzte, noch fehlende Prometheusfunke zu erwarten stand. Lehrt die Mehrzahl der noch erhaltenen Statuen wirklich, dass der Affekt in der Regel von seiner äussersten Stufe zum fruchtbaren Momente einer niederen herabgestimmt ward, so wäre eben in dieser Mässigung des Ausdrucks kein unablässiges Hinsteuern nach dem Hafen der plastischen Ruhe, sondern umgekehrt nur ein Beweis mehr für die Tendenz des Lebens und der Beseelung zu erkennen.«

Wir sehen, dass die nachlessingische Aesthetik bezüglich der Frage nach der Wahl des fruchtbarsten Momentes keineswegs einig geht; es verlohnt sich daher wohl, dieser Frage etwas näher zu treten. Wir haben uns vorgenommen, in diesen Studien einige aus den Thesen des lessingischen Laokoon weniger von rein ästhetischem Gesichtspunkt als vielmehr vom kunsthistorischen Gesichtspunkt aus zu beleuchten; und so wollen wir denn auch hier zunächst uns fragen, wie sich die alte und die moderne Kunst denn zu jener lessingischen Forderung des fruchtbarsten Momentes verhalte. Dabei haben wir aber eins vorauszuschicken. Nicht mit einem jeden Kunstwerke kann man ohne weiteres hier operiren. Führt uns ein Künstler in einer Reihe von Scenen verschiedene Augenblicke einer Handlung vor, so liegt es am Tage, dass er dann, indem er gewissermassen als Erzähler auftritt, auch Momente wählen darf, welche allein dargestellt an und für sich nicht als fruchtbar bezeichnet werden könnten; das Gleiche ist der Fall etwa bei Friescompositionen, welche uns verschiedene Scenen, z. B. eines Kampfes, eines Festzuges u. s. w., vorführen, oder bei einem figurenreichen Gemälde, wie denn ja auch Lessing es dem Maler verstattet, in grossen historischen Gemälden seinen einzigen Augenblick um etwas zu erweitern. Bei einem solchen Bilde kann es sich betreffs des fruchtbarsten Momentes also nur um die Hauptgruppe, um welche sich alle übrigen als um ihren Centralpunkt gruppiren, handeln; ebenso bei figurenreichen plastischen Werken, wie z. B. Giebelcompositionen. Was demnach hauptsächlich hier in Frage kommt, ist die kleinere Gruppencomposition, sowohl in der Malerei als in der Skulptur; die Einzelfigur aber nur dann, wenn es sich um eine in irgend welcher Aktion begriffene Figur handelt, mag nun diese Aktion nur auf die Person selbst bezüglich sein oder mit andern, nicht mitdargestellten Personen in Verbindung stehen.

Es ist klar, dass durch diese nothwendige Beschränkung eine ganze Anzahl von Kunstwerken schon von vornherein von unserer folgenden Besprechung ausgeschlossen sind. In der alten Kunst vornehmlich fast alle Götterbilder, besonders die der strengeren Kunst, welche die Gottheit im Zustande würdiger Ruhe, in sich selbst beschlossen, ohne jede Andeutung einer bestimmten Handlung und selbstverständlich auch ohne jeden lebhafteren Affekt, gewissermassen nur als Personifikation eines ethischen Begriffes vorstellen; und ebenso in der modernen Kunst die meisten Madonnen, die Einzelgestalten von Heiligen, sofern sie nicht in bestimmter Aktion erscheinen, u. dgl. m. Es handelt sich für uns also hier bloss um solche Einzelfiguren oder Gruppen, in denen eine mit lebhaftem, einer Steigerung und einer Abnahme fähigem Affekt verbundene Handlung dargestellt wird. Denn auch diesen Zusatz dürfen wir nicht bei Seite lassen; nicht für jede beliebige Handlung wollte Lessing offenbar jene Forderung aufstellen, sondern nur für solche, bei denen die Hauptträger der Handlung zugleich in einem allmählich bis zu einem gewissen Höhepunkte aufsteigenden und auf diesem entweder endigenden oder von da ab wieder herabsinkenden Affekte sich befinden. Diese Beschränkung geht ebensowohl aus Lessings Worten als aus seinen Beispielen hervor. Nun wird freilich in den meisten Fällen von der Kunst auch nur eine solche Handlung gewählt, welche zugleich mit Affekt verbunden ist; und insofern bleibt es sich ziemlich gleich, ob man von der höchsten Staffel des Affektes oder der Handlung spricht. Aber immerhin giebt es doch auch Handlungen, welche nicht mit Affekt oder doch nur mit einem so geringen Grade von Affekt verbunden sind, dass von einer Steigerung desselben keine Rede sein kann; und es ist namentlich die Kunst des Genres, welche derartige Handlungen gern zu ihrem Gegenstande macht. Auch diese alle dürfen wir demnach als von der Betrachtung ausgeschlossen bezeichnen.

Eine andere Vorfrage, welche eventuell noch gestellt werden könnte, dürfen wir ohne weiteres von der Hand weisen: die nämlich, ob Malerei und Plastik in den Fällen, um welche es sich hier handelt, vom gleichen Gesichtspunkt aus behandelt werden können. Denn so sehr die Frage nach den Grundprincipien dieser beiden Künste und ihrem Grenzgebiet bei den später folgenden Erörterungen über das Transitorische in der Kunst ins Gewicht fällt, so bedeutungslos ist sie hier, wo die Stilgesetze beider Künste vollkommen auf den gleichen Voraussetzungen beruhen. Daher bemerkt Zimmermann mit Recht, dass die Wahl des fruchtbarsten Momentes die Malerei ebenso wie die Plastik angehe, da beide nur den Zustand eines einzigen Augenblickes in der Zeit festzuhalten im Stande sind. »Der einzige Unterschied zwischen beiden liegt hier in dem erweiterten Gesichtskreis, welchen die Malerei verstattet, da sie es nur mit einem Gesichtspunkt zu thun hat, auch einen grösseren Reichthum des Darzustellenden in einen Augenblick zusammenzufassen, also zwar immer, wie die Plastik, nur einen einzigen, aber einen reichhaltigeren Moment, nicht wie diese das Objekt nur in einem einzigen, sondern in mehreren Bildern zugleich darzustellen.«

Durchmustern wir nun zunächst die Werke der alten Kunst, um zu sehen, inwieweit wir in denselben eine Bestätigung der lessingischen Forderung finden oder nicht. — Zu den Hauptleistungen der griechischen Kunst, soweit es sich nicht um die wie erwähnt von vornherein ausgeschlossenen Göttertypen handelt, gehören die Compositionen der Giebelfelder, bei denen zwar, wie auch schon oben bemerkt, nicht jede einzelne Figur oder Gruppe, wohl aber der gewählte Moment der Hauptscene, das Centrum, in Betracht kommt. Diejenigen Giebelgruppen, welche wir mehr oder weniger genau kennen, sind die von Aegina, von Olympia und vom Parthenon. Die Giebelgruppen von Aegina zeigen in beiden Feldern eine Kampfscene, wobei es sich darum handelt, dass der Leichnam eines gefallenen Helden (der aber noch nicht als todt, sondern nur als schwer verwundet dargestellt ist) entweder von den Seinigen gerettet oder von den Feinden gewonnen werde. Diese Gruppen können aber deswegen hier nicht recht in Frage kommen, weil sie nach Art der älteren Kunst überhaupt den Kampf in mehr schematischer Weise und ohne Aeusserung lebhaften Affektes zeigen. So stehen sich denn die einzelnen Kämpfer in entsprechender Anordnung so gegenüber, dass auf der einen Seite die Griechen, auf der andern die Troer vertheilt sind, also eine lebhaftere Handlung überhaupt nicht entstehen kann. Dass der Kampf in diesen Giebelgruppen sich mehr in einem vorbereitenden Stadium befindet, wobei allerdings Gefallene und Verwundete von den vorhergehenden Kämpfen Zeugniss ablegen, ist demnach hier nicht Resultat ästhetischer Erwägung, sondern eine Folge der noch nicht bis zur Gruppencomposition vorgeschrittenen, archaisch gebundenen Kunst jener Zeit. — Wichtiger sind für unsern Zweck die Giebelgruppen von Olympia, die wir in Folge der glücklichen Funde der letzten Jahre grossentheils zu reconstruiren im Stande sind. Der Ostgiebel stellt bekanntlich den Wettkampf zwischen Pelops und Oinomaos vor. Derjenige Punkt, in welchem die Handlung dieses Mythus gipfelt, ist der Augenblick, da Oinomaos beim Wettlauf mit seinem Wagen stürzt und Leben und Reich verliert. Diesen Augenblick hat der Künstler jedoch nicht gewählt, sondern den vor Beginn des Wettrennens. Hierfür hatte er seine bestimmten Gründe. Einmal ist es überhaupt Brauch, den vorderen Giebel eines Tempels nicht mit lebhaft bewegten Gruppen zu verzieren, sondern demselben einen ruhigeren, der Würde der Gottheit angemessenen Charakter zu verleihen, während man aufgeregtere Scenen in den hinteren Giebel verlegte; ausserdem aber wäre eine Darstellung des bereits in vollem Gange befindlichen Wettrennens in einem Giebel vermöge der Raumbedingungen gar nicht unterzubringen gewesen. Es musste also der an sich indifferente, aber bedeutungsvolle Augenblick gewählt werden, wo noch Alles der Dinge harrt, welche kommen sollen; für den Beschauer, welcher die Sage kannte, war dabei die Möglichkeit gegeben, das, was nachher sich abspielen würde, in der Phantasie sich zu ergänzen. An und für sich fruchtbar kann dieser Moment freilich nicht genannt werden, weil das Nachfolgende äusserlich durch nichts kenntlich gemacht ist. — Am hinteren Giebelfeld war der Kampf der Lapithen und Kentauren dargestellt, und zwar in vollster Wildheit entbrannt. Wie ein Fels im wildwogenden Meer, an dem die Brandung sich bricht, steht Apollo in der Mitte; rechts und links aber von ihm sehen wir die verschiedenartigsten Kampfscenen dargestellt. Wenn wir uns diese Kampfscenen im einzelnen betrachten, so können wir an ihnen dieselbe Beobachtung machen, wie an den zahlreichen andern Kampfdarstellungen, denen wir in der alten Kunst begegnen, wie z. B. den Kentaurenkämpfen an den Metopen des Parthenon oder am Fries von Phigalia, den Amazonenkämpfen von Phigalia und vom Mausoleum in Halikarnass u. s. w., — dass nämlich die griechische Kunst bei den Darstellungen Kämpfender auch vor der höchsten Stufe des Affektes, wo die Kampfeswuth aufs äusserste gestiegen ist, ja sogar sich in krampfhafter Verzerrung der Gesichtszüge äussert, keineswegs zurückschreckt. Das kann damit gerecht-fertigt werden, dass, wie wir schon oben angeführt, fries-artige Compositionen es gestatten, die verschiedenen Stadien einer Handlung einzeln vorzuführen; aber es ist nicht zu bezweifeln, dass die griechische Kunst auch in der Einzeldarstellung eines Kampfes bis zum höchsten Grade des Affektes vorgeschritten ist. Entsprechende Gruppen haben sich freilich nicht erhalten; aber wir haben Reliefs, welche uns davon hinlänglich Zeugniss ablegen.

Von den beiden Giebelgruppen des Parthenon kennen wir die Darstellung im Centrum des Ostgiebels nicht, da dasselbe bereits zur Zeit, als Carrey die Skulpturen zeich-nete, zerstört war. Ueber die Frage, ob Phidias den Augenblick vor der Geburt der Athene oder den nach derselben oder aber die Geburt selbst vorgestellt habe, gehen die Meinungen der Archäologen auseinander; und wenn man heutzutage sich ziemlich allgemein dafür ent-scheidet, dass wenigstens der Augenblick der Geburt selbst nicht dargestellt gewesen sein konnte, so liegen die Gründe hierfür nicht darin, dass dieser Moment als solcher an und für sich nicht gewählt werden durfte, sondern darin, dass die Darstellung der aus dem Haupte des Zeus entspringenden Athene überhaupt künstlerisch unschön wirkt und nur von einer primitiven Kunst, wie die ältere Vasenmalerei, gewählt werden konnte. — Im Westgiebel war der Streit zwischen Poseidon und Athene um Attika dargestellt; hier kennen wir die Stellung und das Verhältniss der beiden Hauptfiguren zu einander, wenn uns auch die Köpfe derselben, die allein einen sichern Aufschluss über ihren Affekt geben könnten (voraus-gesetzt, dass Phidias bereits hochpathetische Affekte wiederzugeben wusste, was allerdings fraglich ist), nicht mehr erhalten sind. Daher gehen denn auch die Meinungen der Erklärer über den gewählten Augenblick auseinander; der Moment vor der Entscheidung, die Entscheidung selbst, der Moment nach der Entscheidung — jeder dieser drei Augenblicke ist in Anspruch genommen worden. Es ist hier nicht der Ort, darauf einzugehen, welche dieser drei Auffassungen die berechtigte sei; nur darauf muss hingewiesen werden, dass, wenn Phidias die Absicht gehabt hat, die Entscheidung selbst, also den Augenblick, da Poseidon seine Niederlage erkennt, darzustellen (was für mich die meiste Wahrscheinlichkeit unter jenen drei Ansichten hat), hierbei nicht nur die Gruppirung der Hauptpersonen, der Athene und des Poseidon, ihre ausreichende Erklärung findet, sondern dass auch die Wahl gerade dieses Momentes eine durchaus passende genannt werden muss. Gerade der Augenblick des höchsten Affektes, wo Athene sich als Siegerin fühlt und stolz zu ihrem Wagen eilt, um von dem neu erworbenen Lande Besitz zu ergreifen, wo Poseidon ergrimmt und in höchster Aufregung zurückweicht, — gerade dieser Augenblick erscheint im vorliegenden Falle viel passender, als etwa der vorhergehende, wo die Entscheidung noch nicht gefallen und der schöne Contrast zwischen Siegerin und Besiegtem noch nicht darzustellen möglich war, oder als ein etwas späterer Moment, wo der Affekt der beiden Hauptpersonen schon wieder auf eine etwas schwächere Stufe gesunken sein musste. Die Composition des Westgiebels vom Parthenon, eines der Meisterwerke der plastischen Kunst aller Zeiten, entsprach also, wie es scheint, der lessingischen Forderung keineswegs.

Setzen wir unsere Umschau unter den berühmteren Kunstwerken des Alterthums fort. ·Lessing selbst führt

ausser dem Laokoon, auf den wir noch zu sprechen
kommen, die Medea und den Ajax an, Gemälde von
Timomachos. Bezüglich des letzteren ist zu bemerken,
dass es keineswegs sicher ist, in welchem Moment ihn
der Künstler dargestellt hat; die Angaben darüber sind
so spärlich, dass auch eine andere Auffassung als die
lessingische sehr wohl möglich ist. Aber selbst an-
genommen, Ajax sei nicht während der That seiner rasenden Verblendung, sondern erst nach derselben dargestellt gewesen, so wäre doch bei ihm, ebenso wie bei
der Medea, die Ursache, weshalb der Künstler den
Augenblick des höchsten Affektes nicht zur Darstellung
gebracht, auf ein anderes Motiv zurückzuführen, als das,
von welchem Lessing ausgeht. Zwar ist der Gedanke,
welcher Lessing gerade bei der Wahl dieses Beispiels
leitete, ein an sich durchaus wahrer: die mit sich käm-
pfende Medea ist ein fruchtbarerer Stoff, als die schon
entschlossen mordende, und wir werden noch Gelegenheit
nehmen, hierauf zurückzukommen; aber es ist eine andere Frage, ob auch der alte Künstler sich bei der Wahl
seines Motives von solchen psychologischen Erwägungen
hat leiten lassen. Sehr richtig bemerkt hierüber Frauenstädt: »Der wahre Grund, warum der Maler die Medea
nicht in dem Augenblick, wo sie die Kinder mordet, und
den Ajax nicht in dem Augenblick, wo er gegen das
Vieh wüthet, malen darf, ist derselbe, aus welchem solche
Handlungen auch auf der Bühne nicht den Blicken der
Zuschauer gezeigt werden dürfen.« In der That ist eine
Handlung, wie die Tödtung der Kinder der Medea, das
Wüthen des bethörten Helden unter den Herden, zu
gefühlempörend, als dass die Kunst es vor die Augen
der Beschauer führen dürfte; und aus dem gleichen
Grunde sind in einer ganzen Menge anderer Mythen

gerade die Culminationspunkte der Handlung in der Regel
nicht zur Darstellung gewählt worden. Die untergeord-
nete Kunsttechnik zwar, wie z. B. die Vasenmalerei oder
die spätere Sarkophagskulptur, kümmert sich um solche
ästhetische Bedenken nicht viel, haben wir doch wirklich
ein Vasenbild, wo Medea in der That im Augenblicke
des Kindermordes erscheint, und selbst solche für unser
Gefühl verletzende Scenen, wie die barbarische Tödtung
des am Fuss gepackten und zerschmetterten Astyanax
fehlen nicht: aber im allgemeinen wird der hellenische
Künstler darin durchweg von einem feineren Gefühle geleitet als der moderne, indem er alles, was grässlich,
schrecklich, empörend, unnatürlich ist, nicht zur Darstellung bringt. So ist z. B. der Muttermord des Orestes
eine durchaus seltene Vorstellung; man giebt dafür den
Augenblick, wo der schamlose Buhle unter dem Schwerte
des Rächers erliegt. Nicht der Mord an und für sich
also ist es, den die Kunst verschmäht, weil er die höchste
Staffel des Affektes sei, sondern der für unser Gefühl
besonders peinliche Mord. Dabei dürfen wir allerdings
in Beurtheilung der einzelnen Fälle nicht unser eigenes
modernes Gefühl zur Richtschnur nehmen: wir empfinden
in manchen Dingen ganz anders, als der Grieche em-
pfand, und manches, was uns von unserem Standpunkte
aus empört, machte keineswegs den gleichen Eindruck
auf den Hellenen. Es gilt das ja auch vom Laokoon;
es gilt nicht minder vom farnesischen Stier, von Darstellungen wie die Schleifung Hektors, die Opferung
der Polyxena, die Blendung Polyphems u. dgl. m. Wir
sind in solchen Dingen eben sentimentaler oder »zärt-
licher«, wie Lessing sich ausgedrückt haben würde.
Freilich sind wir wie empfindsame Damen, die sich den
Schein geben, keinen Blutstropfen sehen zu können, aber

die furchtbarsten Schauerromane verschlingen. So auch wenden wir uns von solchen Scenen der alten naiven Sage, wie die eben angeführten, verletzt ab; dafür lassen wir uns auf der Bühne und in Gemälden Dinge bieten, die kein alter Künstler jemals den Hellenen zu zeigen gewagt hätte.

Hier nun wie in andern antiken Kunstdarstellungen können wir überall finden, dass die Alten nirgends vor der Wahl der höchsten Stufe des Affektes zurückschrecken, wenn sie die Begebenheit an sich zur Darstellung geeignet finden. Zwar beim sterbenden Gallier ist dieselbe bereits überschritten; wir sehen den Moment nachher, und der Künstler hat ihn mit besonderer Weisheit gewählt, denn sein Werk wurde dadurch nur um so ergreifender. Aber freilich auch weniger deutlich. Denn schon der antike Beschauer musste, gerade so wie es der moderne thut, diesem heldenmüthig verblutenden Barbaren gegenüber sich fragen, ob derselbe von eigener Hand oder von Feindeswaffe gefallen sei. — Anders die berühmte Gruppe des Galliers mit seiner Frau in Villa Ludovisi. Hier haben wir den prägnantesten Augenblick: der Kelte, welcher soeben sein Weib getödtet, um ihr die Schmach der Gefangenschaft zu ersparen, giebt sich unmittelbar darauf mit trotzigem Heroismus selbst den Tod. In diesem Augenblicke hat ihn der Künstler gefasst, und es war hier der einzig mögliche. Der Augenblick vorher zeigte uns nichts, als das Hinmorden der wehrlosen Frau, ohne dass jemand daraus entnehmen konnte, dass der Gatte gleich darauf ihr zu folgen sich anschicken würde; der nächste Augenblick aber bot nichts, als zwei Sterbende. Hier ist also offenbar gerade die äusserste Staffel des Affektes der einzige wirklich fruchtbare Moment in der Handlung. — Aehnlich ist es

mit dem Laokoon, welcher in der That ja nicht, wie
Lessing meinte, eine unter dem Höhepunkte stehende
Stufe der Aktion uns vorführt, sondern gerade diesen
Höhepunkt selbst. Denn die Hauptperson, der Vater,
ist im letzten Momente des noch versuchten Wider-
standes, vor dem durch das mörderische Gift bewirkten
Stocken der Lebensfunktionen, aufgefasst; ob er dabei
schreit oder nur seufzt, bleibt im Grunde einerlei. Ueberhaupt ist ja gerade diese Gruppe für die Wahl des
Augenblicks deswegen so ausserordentlich lehrreich, weil
die Künstler zwar die Gesammthandlung in einem einzigen Moment erfasst haben, dieser eine Moment aber
nicht für alle drei Personen die gleiche Bedeutung hat;
vielmehr wird uns dadurch, dass die Handlung in dem
betreffenden Augenblick an jeder der drei Personen in
einem andern Stadium der Entwicklung begriffen ist, der
ganze Vorgang um so deutlicher. Denn während der
ältere Sohn noch gar nicht in naher Gefahr ist, befindet
sich der Vater, bereits verwundet, auf dem höchsten
Gipfel des Affektes, der jüngste Knabe aber steht unmittelbar vor seinem letzten Athemzuge. — Gegenüber
der in der That meisterhaft getroffenen Wahl des Momentes im Laokoon kann man an der ihm in mancher
Beziehung verwandten Gruppe des farnesischen Stieres
nicht das Gleiche rühmen. Mit Recht hat Henke in
seinem geistreichen Schriftchen über den Laokoon gegenüber Welcker darauf hingewiesen, dass der in dieser
Gruppe gewählte Moment zwar einen jeden Beschauer
zwingt, sich die weitere Veränderung der Situation in
der Phantasie vorzustellen, dass aber der nächste Moment
für denjenigen Beschauer, welcher den dargestellten
Mythus nicht kennt, keineswegs klar ist; und wenn hieran
auch zum Theil einige Fehler der Ergänzer schuld sind,

so trägt doch die Hauptschuld an dieser Unklarheit der Situation die ganze Composition und die Wahl des dargestellten Augenblicks — ja, wir können sagen, die Wahl des Mythus überhaupt, welcher streng genommen zur plastischen Darstellung durchaus ungeeignet ist.

Bei der bekannten, durch mehrere Repliken noch reconstruirbaren Gruppe Myrons, welche Athene und Marsyas vorstellte, handelt es sich darum, einen Augenblick aus der Sage vorzustellen, wonach Athene die von ihr erfundenen Flöten, weil sie ihr Gesicht entstellten, wegwarf und mit einem Fluch belegte, worauf der neugierige Satyr Marsyas sie wieder aufhob. Hier konnte der Künstler, wollte er deutlich sein, wiederum nur einen einzigen Moment brauchen, und zwar den des höchsten Affektes: den Augenblick also, wo Athene eben die Flöten wegwirft, der erschreckte und zugleich doch neugierige Satyr aber halb zurückweicht, halb sich vorwärts gezogen fühlt, das Wunderding näher zu betrachten. Nur bei diesem Moment war das Vorhergehende wie das Folgende klar; bei der Wahl eines früheren oder eines späteren Augenblicks der Handlung wäre entweder der weitere Verlauf oder die vorhergehenden Umstände des Vorganges dem Beschauer dunkel geblieben. — Nehmen wir dafür die mit diesem Mythus zusammenhängende Fabel vom Ende des Marsyas. Bekanntlich lässt sich dieser mit Apollo in einen Wettstreit ein, bei welchem er unterliegt, und wird zur Strafe geschunden. Die Kunst scheut vor diesem Motive keineswegs zurück; aber sie zeigt uns nicht den Augenblick, wo das Urtheil vollzogen wird, sondern den vorhergehenden: Marsyas am Baume hängend, sein schreckliches Schicksal erwartend; vor ihm kauert der sein Messer wetzende Barbar, welcher die Exekution vollziehen soll. Der Moment ist deutlich und fruchtbar genug gewählt; ein jeder sieht, was darnach folgen wird. Wenn hier aber die Kunst die höchste Staffel der Handlung selbst nicht zur Darstellung bringt, so ist der Grund dafür wiederum nicht der Lessings, dass der Phantasie alsdann die Flügel gebunden wären: sondern wie bei den schon vorher angeführten Beispielen die richtige Empfindung, dass man so Grässliches wohl errathen lassen, aber nicht darstellen dürfe. Den besten Beweis hierfür liefern Bilder wie die grauenhafte Marter des heiligen Bartholomäus von Ribera (Spagnoletto), wo der Henker mit rechtem Behagen dem armen, vor Schmerz brüllenden Heiligen die Haut stückweise und kunstgerecht ablöst.

In der figurenreichen Gruppe der Niobe mit ihren Kindern repräsentiren die verschiedenen Söhne und Töchter, die bald fliehend, bald verwundet, einige sterbend, andere schon todt, aufgefasst sind, die mannigfaltigsten Punkte derselben Handlung. Die Hauptperson aber, die Mutter, erscheint wenn nicht schon im höchsten Stadium des Affektes vorgestellt, so doch demselben ungemein nahe. Allerdings leben noch einige ihrer Kinder: die stolze Königin weiss ja aber recht wohl, dass alle, alle ihre blühenden Söhne und Töchter dem Untergange geweiht sind, dass sie in wenig Augenblicken die einzig lebende unter all diesen frühzeitig geknickten Knospen sein wird. Es wäre ein Irrthum, wenn man glauben wollte, erst in diesem Augenblicke sei dann die höchste Staffel des Affektes für sie erreicht: der thränenlose Schmerz der Mutter ist vielmehr bis zu jenem Zeitpunkt ein so gewaltiger geworden, dass er sie versteint hat. Hier tritt also zugleich mit dem höchsten Affekt das nicht darstellbare Ende, die Erstarrung ein; darum haben wir ein Recht zu sagen, Niobe ist bereits auf der höchsten

Stufe des Affektes dargestellt. Da aber gemäss der Auffassung der Niobe durch Poesie und Kunst dieser höchste Grad des Schmerzes sich bei ihr nicht in Jammern und Schreien, was nothwendig unschön gewesen und darum vermieden worden wäre, äusserte, sondern in jenem stummen, thränenlosen Elend, welches viel mächtiger wirkt, als jegliche laute Aeusserung der Klage, so stellte sich dem Künstler für die Ergreifung dieses Momentes kein Hinderniss entgegen. Der Phantasie bleibt auch hier noch Arbeit genug übrig, sich den Ausgang des furchtbaren Dramas auszumalen.

Ziehen wir auch noch einige erhaltene Gemälde der alten Kunst in Betracht, so bietet sich uns zunächst die auch von Lessing wenn schon in anderem Zusammenhange besprochene Opferung der Iphigenie dar, welche Timanthes malte und von der wir eine im Hauptmotiv entschieden auf Timanthes zurückgehende, obgleich in andern wesentlichen Punkten von ihm abweichende Darstellung noch besitzen. Hier ist der Culminationspunkt der Handlung, nämlich die Opferung selbst, nicht gewählt, sondern der Augenblick vorher, da Iphigenie erst zum Altar geschleppt wird. Aber auch dies hat wieder seine guten Gründe und nicht bloss den lessingischen. Nicht deswegen verschmäht der Maler den Augenblick der Opferung selbst, weil dies Motiv nicht fruchtbar genug, auch deswegen nicht, weil es ein zu abschreckendes gewesen wäre: da jeder Beschauer wusste, dass die Jungfrau doch gerettet wird, konnte der Künstler sehr gut bis zum Aeussersten gehen, ebenso wie die christliche Malerei sich nie davor gescheut hat, die Opferung Isaaks auf dem höchsten Augenblicke der letzten Entscheidung darzustellen, da Abraham schon sein Messer gezückt hat. Aber so ähnlich diese beiden Vorstellungen an sich sind, so ist doch ein Unterschied dabei, in Folge dessen die eine sich recht gut zur Darstellung eignet, die andere nicht. Denn bei der Opferung Isaaks wird das Opfer durch einen Engel verhindert und es bietet sich dem Abraham ein Widder dar, welcher an Stelle des Sohnes geopfert wird; indem der Künstler den himmlischen Boten und zugleich das ersetzende Opferthier mit darstellt, lässt er den Beschauer erkennen, was vorgeht und was vorgehen wird. Bei der Opferung der Iphigenie aber wird die Jungfrau von der Artemis entrückt und eine Hirschkuh an ihre Stelle untergeschoben: das ist aber für die Kunst nicht darstellbar. Die Vasenmalerei hat zwar den Versuch gemacht, auch diesen Moment vorzustellen: jedoch dieser naive Versuch, bei welchem hinter der unter dem Opfermesser bereit stehenden Iphigenie die Umrisse der Hirschkuh zum Vorschein kommen, darf nicht gerade glücklich genannt werden. Die Unmöglichkeit künstlerischer Darstellung ist also wesentlich der Grund, weshalb beim Opfer der Iphigenie auf die Darstellung der höchsten Staffel der Handlung verzichtet wird.

Auch die Alexanderschlacht, eine der berühmtesten unter allen auf uns gekommenen Schöpfungen der alten Malerei, verdient hier wohl in Betracht gezogen zu werden. Denn der vorgestellte Augenblick, wo Alexander den feindlichen Anführer durchbohrt und der Perserkönig im höchsten Schrecken auf dem gefährdeten Streitwagen sich befindet, ist in der That der Wendepunkt der Schlacht, der Beschauer muss sich sagen, dass mit diesem Moment der Kampf entschieden ist und darauf nur die wilde Flucht und gänzliche Vernichtung des feindlichen Heeres folgen kann.

Ich enthalte mich, weitere Beispiele aus der alten

Kunst zu häufen, die gegebenen können genügen, um uns klar zu machen, wie sich die alte Kunst der lessingischen Forderung gegenüber verhält. Denn wir haben gesehen, dass weder im Affekt noch in der Handlung die hellenische Kunst von Darstellung der äussersten Staffel sich scheut, und dass, wenn sie es vielfach vorzieht, einen früheren Moment als den der äussersten Stufe zu wählen, dafür ganz bestimmte Gründe vorliegen, welche aber nur theilweise darin bestehen, dass dieser frühere Moment der wirkungsvollere, fruchtbarere ist: vielmehr kann man in der Regel annehmen und nachweisen, dass, wo die höchste Stufe einer Handlung oder eines Affektes vermieden wird, dies deshalb geschehen ist, weil die Darstellung dieser äussersten Stufe nothwendig hässlich oder gefühlverletzend gewesen wäre. Es ist genau derselbe Grund, wie schon oben berührt, weshalb auch der tragische Dichter in der dramatischen Entwicklung den Tod des Helden oder der Heldin, welchen das moderne Drama offen auf der Bühne erfolgen lässt, hinter die Scene verlegt; so wenig der Dichter dies in der Absicht thut, damit die Phantasie des Zuhörers mehr in Thätigkeit komme, so wenig hat der bildende Künstler eine solche Tendenz, wenn er einen der höchsten Steigerung vorhergehenden oder nachfolgenden Moment zur Darstellung wählt.

Noch weniger als von der alten Kunst kann von der des Mittelalters, der Renaissance und der Neuzeit behauptet werden, dass sie vor Darstellung des äussersten Momentes zurückschrecke. Die christliche Kunst kennt im allgemeinen nicht die Scheu der alten vor dem Hässlichen und Schrecklichen; ja schon die Gebiete, auf denen sie sich zu bewegen hat, machen es ihr zum Theil unmöglich, sich desselben zu enthalten,

zumal namentlich der Kunst des frühen Mittelalters auch
gänzlich die Empfindung dafür abgeht, dass die Haupt-
aufgabe der Kunst das Schöne sei. Die Leidensgeschichte
Christi ist von der Kunst, und zwar nicht bloss von der
handwerksmässigen, sondern von den ersten Künstlern
aller Zeiten, in fast allen ihren Momenten, auch in denen
des äussersten Affektes, zur Darstellung gebracht worden.
Ich erinnere an die drastischen Darstellungen der Geisse-
lung, besonders durch deutsche Maler; oder an Tizians
Dornenkrönung (im Louvre), bei welcher dem Künstler
die Leidensfigur des Laokoon vorschwebte, die Staffel
des Affektes aber, in welcher sich dieser befindet, auf
einen noch höheren Grad gesteigert erscheint. Und so
wenig uns die Künstler die oft in grosser Naturwahrheit
wiedergegebenen letzten Augenblicke des Gekreuzigten
erspart haben, so wenig haben sie es je versucht, die
Darstellungen des höchsten Jammers und äussersten mo-
ralischen Schmerzes herabzusetzen oder zu verhüllen.
Maria sowohl als einzelne Jünger erscheinen beim Tode
des Heilandes, bei der Kreuzabnahme oder beim Be-
gräbniss nicht selten in jenem Stadium des Jammers,
welcher als die äusserste Stufe des Affektes bezeichnet
werden muss; und wenn wir auch vielfach dabei einem
gewissen Masshalten begegnen, so dass der Schmerz trotz
seiner ungeheuren Grösse doch nicht ins Unschöne aus-
artet, so fehlt es doch auch andrerseits nicht an Darstellungen, wo der Schmerz bis zum Haarausraufen geht,
wie in der Kreuzabnahme von Donatello (in San Lorenzo
in Florenz), ja wo selbst die Wehklagenden ganze Büschel
von Haaren in den Händen halten, wie in der Kreuzi-
gung von Pollajuolo (Nationalmuseum im Bargello in
Florenz). Aber selbst das thränenlose Elend, in welchem
wir bei Darstellungen der Pietà die Mutter ihren todten

Sohn auf den Knieen halten sehen, es ist nicht minder eine Darstellung der höchsten Staffel des Affektes, als der stumme Jammer einer Niobe; giebt es bei dieser keine höhere Stufe mehr als die eintretende Versteinerung, so ist bei Maria nur noch jenes ohnmächtige Hinsinken denkbar, wie es z. B. Rafael in seiner Grablegung zum Motiv gewählt hat. — Den gleichen Beleg liefern uns die zahlreichen Darstellungen der Martyrien, bei denen die christliche Kunst selbst vor den peinlichsten Exekutionen sich nicht scheut und sich nicht bloss mit den Vorbereitungen dazu begnügt; freilich sind es hier namentlich die durch die Thätigkeit der Inquisition gegen solche Greuel abgehärteten Maler der spanischen Schule, welche mit Vorliebe selbst in die grässlichsten Details dieser oft so grauenhaften Martern eingehen. Wenn hier solche Werke, bei denen die Handlung noch nicht bis zum Aeussersten gediehen ist, einen viel bedeutenderen und nachhaltigeren Eindruck auf den Beschauer machen, als die letztgenannten, so liegt das eben daran, dass der ästhetisch gebildete, feinfühlige Mensch sich meist mit Abscheu von solchen Folterscenen abwendet, während eine masshaltende Darstellung, in welcher man das kommende Schreckliche nur zu ahnen vermag, unser lebhaftes Interesse erweckt; und in solchen Fällen hat Lessing mit seiner Forderung allerdings Recht, weil die Phantasie jenen Marterscenen gegenüber nicht mehr zu arbeiten im Stande ist, nicht mehr weiter arbeiten will, da sie das Entsetzliche schon mit genug Widerwillen erblickt, während bei Darstellungen vorhergehen der oder vorbereitender Momente jener geheime Reiz, welchen das Furchtbare auf jeden Menschen ausübt, eine mächtig wirkende Triebfeder dazu ist, sich die folgenden Scenen, welche zu sehen man zurückschrecken würde, doch mit dem geistigen Auge auszumalen. Aber immerhin beruht es doch auf keinem allgemein ästhetischen Gesetze, wenn in solchen Fällen ein früherer Moment der fruchtbarste ist, sondern nur auf der Beschaffenheit des darzustellenden Sujets.

An Beispielen für die Steigerung der Affekte bis zu der höchsten Grenze des Darstellbaren fehlt es auch sonst nicht in der Kunst des fünfzehnten und sechzehnten Jahrhunderts. Nehmen wir z. B. Rafaels Vertreibung des Tempelräubers Heliodor, den Tod des Ananias, die Blendung des Elymas — überall sehen wir die letzte und höchste Staffel der Handlung dargestellt. Erinnern wir uns ferner an die mannigfaltigen Darstellungen der Hölle mit ihren Strafen; und zwar meine ich da keineswegs etwa nur solche verzerrte und fratzenhafte Bilder, wie sie z. B. der bekannte Höllen-Breughel gab, sondern jene grandiose Auffassung der letzten Dinge, wie sie der Triumph des Todes im Campo santo zu Pisa, Michelangelos jüngstes Gericht in der sixtinischen Kapelle, oder Signorellis Sturz der Verdammten im Dom zu Orvieto darbieten. Ueberall haben wir da reiche Beispiele für die höchsten Staffeln des Affektes. Allerdings berühren wir hiermit, wie auch z. Th. schon mit einigen früheren Beispielen, ein Gebiet, das mit einer andern Frage des lessingischen Laokoon zusammenhängt, als mit der augenblicklich vorliegenden: mit der Frage nach der Herabsetzung des Affektes um der Schönheit willen, resp. nach der Zulassung des Hässlichen und Schrecklichen in der Kunst. Aber auch wenn wir solche Fälle ausschliessen wollten, so fehlt es doch in der gesammten Kunst jener Zeit, mag es sich nun um Darstellungen der heiligen Geschichte oder aus dem Leben der Heiligen, um Scenen der heidnischen Mythologie oder um anderweitige profane Gegenstände handeln, nirgends an den Belegen, dass sich die christliche Kunst durchweg die grösste Freiheit in der Wahl des dargestellten Momentes gewahrt hat.

Finden wir hier und da Beispiele von der Wahl eines dem eigentlichen Culminationspunkt der Handlung vorausgehenden oder folgenden Momentes, so stellt sich bei genauerer Erwägung durchweg heraus, dass entweder durch die Wahl des früheren oder späteren Augenblicks sich ein grösserer Effekt erreichen liess, als durch Darstellung des Vorganges in seiner höchsten Entwicklungsstufe, oder dass diese Stufe selbst überhaupt der künstlerischen Darstellung an und für sich unfähig ist. Ein solcher Fall ist z. B. die Darstellung von Enthauptungen, wie bei David und Goliath, bei der Ermordung des Holofernes oder dem Tode des Petrus. Durchweg hat hier die Kunst entweder den Augenblick vor der That oder nachher gewählt — weil sie eben nicht anders konnte. Zunächst schon aus einem rein äusserlichen Grunde: eine Figur mit geschwungenem Schwerte, zum wuchtigen Hiebe ausholend, ist in jeder Beziehung, in Plastik wie in Malerei, wirksamer, bietet schönere Linien und Verhältnisse dar, als eine, welche den Hieb selbst, zumal an einer tiefer liegenden Figur, vollführt. Zweitens aber ist noch ein anderer, bedeutsamer Grund, welcher es verbietet, den Hieb selbst vor Augen zu stellen: ein solcher Hieb, wodurch einem Menschen das Haupt vom Rumpfe getrennt wird, ist nämlich im höchsten Grade transitorisch und darum nicht darstellbar. Wir greifen damit hinüber in jene Frage, welche wir in der zweiten Hälfte dieses Aufsatzes behandeln wollen, und es mag daher hier dieser vorläufige Hinweis genügen. Nur das will ich noch bemerken, dass es keineswegs von jeder

Tödtung gilt, dass der Moment unmittelbar vorher der allein darstellbare wäre. Der Künstler der oben besprochenen Galliergruppe in Villa Ludovisi hat seinen Kelten nicht mit gezücktem Schwerte vorgestellt, sondern im Augenblicke der Tödtung selbst, wo das Schwert bereits seine Kehle durchbohrt. Aber bei dieser Art der Tödtung ging das auch an; ebenso gut kann z. B. eine Tödtung durch Lanzenstich direkt dargestellt werden, und ist auch oft genug dargestellt worden. Bei der Enthauptung aber ist das nicht möglich, und darum bleibt, wenn man den vorhergehenden Augenblick nicht wählen will, nur der nächste, wo das abgetrennte Haupt bereits am Boden liegt, übrig. In beiden Fällen that natürlich die Phantasie das ihrige, um den Vorgang, dessen direkte Darstellung vermieden ist, dem Beschauer vor Augen zu führen; aber diese Thätigkeit anzuregen, war keineswegs der alleinige Grund bei der Wahl des dargestellten Momentes.

Das ist ein einzelner Fall aus vielen; in ähnlicher Weise liesse sich an zahlreichen Kunstwerken, in denen wir anstatt der höchsten Staffel einen früheren Augenblick der Handlung sehen, der Grund in den speciellen Motiven finden, nicht aber in einem allgemeinen, unverbrüchlichen Gesetze der Kunst. Damit soll jedoch natürlich nicht gesagt sein, dass nicht unter Umständen ein Künstler auch wirklich unter den ihm zur Disposition stehenden Momenten der darzustellenden Handlung absichtlich einen früheren herausgegriffen hätte, mit der Tendenz, dadurch die Phantasie des Betrachters lebhafter anzuregen, als durch Vorführung der eigentlichen Haupthandlung. Als bezeichnendes Beispiel hierfür möchte ich Michelangelos Moses fassen. Bekanntlich ist Moses in dem Augenblick gedacht, wo er die Frevelthat der

Israeliten, ihren Abfall von Jehova und die Verehrung des goldenen Kalbes, zuerst erblickt und von ungeheurem Zorn darüber ergriffen wird. Nun waren es allerdings zunächst schon äussere Gründe, welche Michelangelo bewegen mussten, diese für ein Grabmal bestimmte Figur ruhiger zu fassen und den grossen Gesetzgeber nicht in dem Augenblicke darzustellen, wo er im höchsten Ausbruch des Zorns die eben erhaltenen Gesetzestafeln zertrümmert (so hat ihn u. a. auch Schnorr in seiner Bibel dargestellt). Aber man kann sich sehr wohl denken, dass es auch anderweitige Erwägungen waren, welche Michelangelo bewogen, einen früheren Augenblick zu wählen. Wir sehen auf der mächtigen Stirn des empörten Mannes die Zornadern gewaltig anschwellen; krampfhaft wühlen die Finger in den Locken des Bartes, während die Rechte, als suche sie unwillkürlich noch einen Halt gegen den Sturm, welcher im Innern zu toben beginnt, die Gesetzestafeln umspannt. So sitzt er noch einen Augenblick scheinbar ruhig da — wehe den Israeliten, wenn er jetzt aufspringt und unter sie tritt! — Wir empfinden hier etwas Aehnliches, wie bei dem ersten dumpfen Grollen eines furchtbaren, in schwarzem Gewölk am Himmel sich aufthürmenden Gewitters: diese Anzeichen des Sturmes sind für ein ängstliches Gemüth oft schrecklicher, als das volle Rasen der entfesselten Elemente selbst, gleichwie ja überhaupt ein nahendes Schreckniss in der Regel mehr Furcht einflösst, als wenn es schon da ist oder ganz plötzlich kommt. — Je mehr man sich in diese Figur Michelangelos vertieft, um so mehr wird man zu der Ueberzeugung kommen, dass der Künstler durch die Wahl dieses Momentes viel bedeutender gewirkt hat, als wenn er den schliesslichen Zornesausbruch selbst vorgestellt hätte, und hier ist es allerdings der lessingische Gedanke, die so ausserordentlich angeregte Thätigkeit der Phantasie, welche die Wahl gerade dieses Augenblickes der Handlung als besonders glücklich erscheinen lässt.

Es wird nach dem bisher Gesagten nicht Wunder nehmen, dass auch die moderne Kunst sich weder hinsichtlich des Affektes noch in der Wahl des Augenblicks einer Handlung irgend welche andere Beschränkung als eine, welche sich aus dem gewählten Sujet von selbst ergab, auferlegt hat. Immerhin glaube ich bemerken zu können, dass die moderne Kunst, welche es in bedeutend höherem Grade als die frühere auf feine psychologische Motivirung und auf Wiedergabe seelischer Kämpfe abgesehen hat, häufiger, als es früher der Fall, an Stelle des äussersten Augenblickes einer Handlung den vorhergehenden oder den folgenden wählt. In der That sind ja die Fälle zahlreich, wo namentlich der vorhergehende Augenblick besser als der der That selbst dem Künstler die Möglichkeit giebt, Seelenstimmungen oder Kämpfe zur Anschauung zu bringen. Ich wähle als Beispiel das bekannte Bild von Guérin: Klytämnestra im Begriff den Agamemnon zu ermorden (im Louvre). Wir wissen nicht, wie die alte Kunst diese Scene aufgefasst hat; sie gehört zu den Motiven, welche sich ausserordentlich selten auf Kunstwerken finden, und die, auf denen es dargestellt ist, gehören untergeordneten Denkmälerklassen, zum Theil sogar der bei ästhetischen Fragen gar nicht in Betracht kommenden etruskischen Kunst an. Der moderne französische Maler hat sich, und meiner Ansicht nach mit Glück, von der alten Version der Sage, wonach Agamemnon im Bade von seinem Weibe und deren Buhlen überfallen wird, frei gemacht; er zeigt uns den Helden im Nebengemach schlafend, an der Thür aber die noch zögernde Gattin mit dem Schwert, deren Unschlüssigkeit Aegisth, heimlich ihr zuredend, zu beenden trachtet. Hier, wo in der That der dem Morde vorhergehende Kampf für den Beschauer von weit grösserer Wirkung ist, als der rohe Vorgang des Mordes selbst, wobei die vorhergehenden Momente nicht mehr in den Zügen der Mörderin sich spiegeln könnten, war der vom Maler gewählte Augenblick ohne Zweifel der fruchtbarste, und zwar allerdings ganz im lessingischen Sinne. Und hier müssen wir noch einmal auf die Medea des Timomachos zurückkommen, die in ihrem Motive der Guérinschen Klytämnestra entschieden verwandt ist. Wenn wir es nämlich auch oben abgelehnt haben, dass der alte Maler jenen Moment vor dem Kindermord gewählt habe, weil er ihm furchtbarer erschienen sei, indem wir dafür vielmehr einen andern, mehr in der antiken Anschauung liegenden Grund annahmen, so darf doch nicht geleugnet werden, dass an und für sich Lessing auch bei diesem Bilde insofern ganz im Recht ist, als wenigstens für den modernen Beschauer auch bei der Medea der frühere Augenblick ein fruchtbarerer ist, als der des Mordes; eben weil, wie bei der Klytämnestra, ein Kampf widerstreitender Empfindungen bei weitem mehr Interesse erregt, als wenn wir eine einzige, gewaltsame und vorübergehende Empfindung, welche in jenem Kampfe den Sieg davon getragen hat, allein und in ihren furchtbaren Resultaten vorgestellt sehen.

Wie in diesen Fällen der Augenblick vor der That bei weitem wirksamer ist, als der der That selbst, so kann unter andern Verhältnissen der Augenblick nachher es sein, welcher sich mehr empfiehlt. Zwar wenn Baudry in seiner »Ermordung Marats« eben diesen nachfolgenden Augenblick wählt, so hätte er ebenso gut und ohne

Minderung des Interesses beim Beschauer auch einen Moment vorher wählen können; beide Augenblicke lassen sich in gleicher Weise von der Kunst mit Erfolg verwerthen, wie ja auch z. B. die Ermordung des Holofernes in diesen beiden Momenten verschiedentlich dargestellt worden ist. Aehnlich ist es mit Bildern, wie Delaroches »Ermordung des Herzogs von Guise« oder Pilotys »Seni an der Leiche Wallensteins«; obgleich nicht zu leugnen ist, dass namentlich bei ersterem Bilde die Phantasie noch bei weitem lebhafter arbeitet, als wenn der Maler den Augenblick vor der Ermordung dargestellt hätte. Nehmen wir dagegen ein Bild, wie Angelis bekannten »Retter seiner Ehre«, so werden wir bei Erwägung der Situation zu dem Resultate kommen, dass der vom Maler dargestellte Augenblick unmittelbar nach vollbrachter That entschieden unter allen der fruchtbarste und darum in diesem Falle auch beste genannt werden muss. Denn hier muss alles Vorhergehende sich so blitzschnell entwickelt, so überraschend gewirkt haben, dass kein einziger Augenblick unter den vorangehenden zur künstlerischen Fixirung geeignet war; der Augenblick des Kampfes selbst mit seinem tödtlichen Ausgange für den einen der Betheiligten würde wenig andere Gefühle, als die der Ueberraschung und des Schreckens unter den übrigen Anwesenden zu erkennen gegeben haben, während wir jetzt eine Scala von Empfindungen erblicken, welche den Beschauer von selbst nöthigen, sich die ganze Geschichte dazu selbst zu erfinden; mag dieselbe auch immerhin bei jedem Beschauer etwas anders sich gestalten, auf jeden Fall ist die Phantasie lebhaft beschäftigt, und in Folge dessen auch das Interesse des Betrachters ein lebendigeres.

Bei all den zuletzt angeführten Beispielen ist also

der gewählte Moment in der That ein im lessingischen
Sinne im höchsten Grade fruchtbarer; und es entspricht
dabei dem lessingischen Princip, dass dieser Moment
eben nicht der der äussersten Staffel der Handlung,
sondern entweder ein vorhergehender oder ein nach-
folgender ist. Aber wir sind deshalb meines Erachtens
nach keineswegs berechtigt, die lessingische Forderung
zu einem allgemeingiltigen Gesetze zu erheben; es hängt
vielmehr bei der Wahl des darzustellenden Augenblicks
durchaus von der Beschaffenheit der darzustellenden
Handlung selbst ab, ob die höchste Staffel des Affektes,
ein vorhergehender oder ein folgender Augenblick sich
am besten zur Darstellung eignet. Nehmen wir, um das
noch an einem Beispiel deutlich zu machen, zwei häufig
dargestellte Momente aus der Tellsage: den Apfelschuss
und die Landung an der Tellsplatte. Beim Apfelschuss
versteht es sich bei der im eminenten Sinne transitorischen Art der Handlung von selbst, dass der Augenblick des Schusses nicht darstellbar ist; es kann also
nur die Wahl entstehen zwischen dem Augenblicke vorher und dem nachher. Beide sind in gleicher Weise
zur Darstellung geeignet; wenn aber fast alle Künstler,
welche den Apfelschuss gemalt haben, nicht den vorhergehenden, sondern den nächstfolgenden Moment wählten,
so haben sie das jedenfalls durchaus mit Recht gethan.
Denn der Augenblick vorher giebt zwar auch der Phantasie einen weiten Spielraum; aber die Mannigfaltigkeit
der Affekte, welche er zur Darstellung zu bringen gestattet, ist geringer, da der Ausdruck der Erwartung der
bei weitem vorherrschende sein wird, bei der feindlichen
wie bei der befreundeten Partei. Der Augenblick nachher aber gestattet nicht nur ebenfalls der Phantasie, sich
den ganzen Vorgang vorher im Geiste zu reconstruiren,

sondern er bietet auch eine bei weitem grössere Abwechslung hinsichtlich des Ausdrucks der Anwesenden:
Zorn, Ueberraschung, freundliche Theilnahme, ernster
Dank gegen Gott, heller Jubel, kindliche Fröhlichkeit
u. s. w., — es kann also gar nicht in Frage kommen,
welcher Moment hier für den Künstler der dankbarste
ist. — Anders beim Sprung vom Schiff: gerade hier ist
der Augenblick der Handlung selbst der geeignetste.
Vorher wird Angst und Aufregung, allenfalls düstrer
Ernst bei der Hauptperson, die vorherrschende Empfindung
sein; nachher Zorn und Enttäuschung. Wird aber der
Augenblick gewählt, wo Tell soeben mit seiner Armbrust
das Land erreicht, zugleich mit kräftigem Fusse das
Schifflein wieder in die wildwogenden Gewässer zurück-
stossend, so bietet sich nicht nur dem Beschauer eine
weite Perspektive auf das, was vorhergegangen und was
folgt, sondern er findet auch in den Zügen der Anwesenden die mannigfaltigsten Abstufungen des Affektes:
in Tell das Gefühl des Triumphes über die gelungene
Rettung, im Landvogt und seinen Genossen aber Angst,
Erstaunen, Erwartung, Wuth, — je nachdem die einen
bereits erkannt, was geschehen, oder die andern noch
auf baldige Errettung aus der drohenden Gefahr hoffen.

Also von dem darzustellenden Motive hängt es ab,
welcher Moment der für die Kunst am meisten geeignete
ist; es wäre falsch, Lessings Meinung, dass die höchste
Staffel des Affektes ungeeignet zur Darstellung sei, zum
allgemeinen Princip erheben zu wollen. Seine Forderung
gilt vornehmlich für solche Motive, bei denen ein früherer oder späterer Moment insofern dankbarer ist, als
er eine grössere Mannigfaltigkeit von Situationen und
Empfindungen, sei es in den Hauptpersonen allein, sei
es in den dieselben umgebenden Nebenpersonen, zur

Anschauung zu bringen verstattet; eine solche Mannigfaltigkeit, resp. ein Widerstreit von Empfindungen ist ja
in der That besser dazu geeignet, uns den ganzen Vorgang zu erklären, als oft die Darstellung der eigentlichen
Handlung selbst dies zu thun im Stande ist. Die Phantasie
kann also bei einer derartigen Wahl thätiger sein, als
bei Darstellung des Culminationspunktes der Aktion; und
Lessing ist in seinem vollen Rechte, wenn er verlangt,
dass die Phantasie einem Kunstwerke gegenüber in
Thätigkeit gerathe, dass sie sich nicht bei dem, was dargestellt ist, beruhigen solle. Aber nicht im Rechte ist
Lessing, wenn er eine vom Culminationspunkt der Handlung ausgehende Thätigkeit der Phantasie, wobei dieselbe,
da die Handlung selbst vorliegt, sich darauf beschränkt,
deren Entstehung oder Folgen sich vorzustellen, als ein
»Sinken zu schwächeren Bildern« bezeichnet und daher
verwirft; denn es ist nicht minder interessant, sich die
vorbereitenden oder folgenden Scenen aus der Hauptscene heraus zu construiren, als aus einer vorbereitenden
oder nachfolgenden Scene die Haupthandlung selbst sich
zu combiniren. Wir haben gesehen, dass es sogar Fälle
giebt, wo gerade der der höchsten Staffel des Affektes
vorhergehende Augenblick ganz und gar nicht fruchtbar
genannt werden kann. Handelt es sich also darum,
einen prägnanten Moment aus einer Handlung
zur Darstellung auszuwählen, so hat der Künstler zunächst sich zu fragen, welcher Moment
unter den darstellbaren die Situation am deutlichsten darlegt und zugleich die Phantasie am
lebhaftesten anregt; ob das aber ein früherer
oder ein späterer oder der Culminationspunkt
der Handlung selbst ist, darüber lässt sich
keine allgemeine Regel aufstellen. Ein genialer

Künstler wird oft genug im Stande sein, einen an und
für sich unfruchtbar erscheinenden Augenblick durch
irgend welchen Nebenzug mit einem Schlage zu einem
fruchtbaren zu machen. Ja, wir können sogar noch
weiter gehen und sagen: da schliesslich jedes Kunstwerk, welches die Phantasie lebhaft beschäftigt, als fruchtbar bezeichnet werden muss, so kann selbst ein Kunstwerk ohne Handlung, eine Landschaft, ein Stillleben,
unter Umständen fruchtbar sein. Es sei mir verstattet,
hierfür noch ein charakteristisches Beispiel (nach der
Skizze eines modernen Malers) anzuführen. Eine ein-
same Winterlandschaft; ein dicht beschneiter Waldweg,
an dessen Rand wir eine kleine Heiligenkapelle erblicken.
Fussspuren im tiefen Schnee zeigen, dass vor kurzem
ein Wanderer des Wegs gekommen ist; man erkennt,
dass er vor der Kapelle gekniet, dort sein Gebet ver-
richtet hat und dann weiter gezogen ist. Die tiefe Ein-
samkeit, welche über der Scene liegt, wird aber in un-
heimlicher Weise belebt durch Wölfe, welche hungrig
die Fussspuren beschnuppern; einige haben bereits die
Witterung aufgefunden und schicken sich an, in flinkem
Trabe dem Wanderer zu folgen. In der dicken, nebel-
schweren Luft des dämmernden Abends flattern einige
Raben, deren heiseres Krächzen man zu vernehmen glaubt.
— Hier ist von Handlung, wenigstens im gewöhnlichen
Sinne des Worts, nicht die Rede; aber die Phantasie des
Betrachters wird diesem einfachen Bildchen gegenüber
sich viel mächtiger erregt fühlen, als vor manchem, eine
grosse Wand bedeckenden, figurenreichen Historienbilde.

Es bleibt also dabei: in der Wahl des Momentes
darf die Aesthetik dem Künstler keine Vorschriften
machen, hierin muss er allein seiner freien Eingebung
folgen. Nur das wird selbstverständlich bei der Wahl

des Momentes noch in Frage kommen, ob derselbe auch überhaupt für die Kunst geeignet ist, d. h. ob er nicht gegen die erste Forderung der Kunst, gegen die Schönheit, verstösst, und ob er nicht in zu hohem Grade transitorisch ist. Im ersteren Falle muss er, wäre er sonst auch noch so fruchtbar, entschieden vermieden werden: eine Forderung, die für diejenigen, welche die Schönheit als Grundprincip der Kunst anerkennen, nicht erst bewiesen zu werden braucht; im zweiten Falle wird es fast überall auch zutreffen, dass er, eben weil transitorisch, auch nicht prägnant ist. Um dies klar zu machen, haben wir uns nun aber zu dem zweiten Theil unserer Aufgabe zu wenden: was man in der Kunst als transitorisch zu bezeichnen hat und inwieweit die Kunst zur Darstellung des Transitorischen berechtigt ist oder nicht.

Ueber das Transitorische in der Kunst spricht Lessing bereits, obgleich mehr gelegentlich, in den Entwürfen zum Laokoon. In dem vollständigsten Entwurf zum ersten Theile bemerkt er, dass der Maler die Bewegung nur errathen lassen könne, während seine Figuren in der That ohne Bewegung seien; der Reiz (als Schönheit in Bewegung) werde daher bei ihm zur Grimasse; und das sei auch der Grund, warum die Alten für ihre schönsten Statuen den Stand der Ruhe wählten. Nur die Dichter, nicht aber die Bildhauer, liessen die Venus lächeln. »Eine marmorne Venus, die da lächelt, lächelt immer; und was ist anstössiger, als das Transitorische der Natur in ein Fortdauerndes der Kunst zu verwandeln?« — Im Laokoon selbst bringt er den gleichen Gedanken in Verbindung mit der eben von uns besprochenen Forderung der Wahl des fruchtbarsten Augenblicks. »Erhält dieser einzige Augenblick durch die Kunst eine unveränderliche Dauer:

so muss er nichts ausdrücken, was sich nicht anders als transitorisch denken lässt. Alle Erscheinungen, zu deren Wesen wir es nach unserm Begriffen rechnen, dass sie plötzlich ausbrechen und plötzlich verschwinden, dass sie das, was sie sind, nur einen Augenblick sein können; alle solche Erscheinungen, sie mögen angenehm oder schrecklich sein, erhalten durch die Verlängerung der Kunst ein so widernatürliches Ansehen, dass mit jeder wiederholten Erblickung der Eindruck schwächer wird, und uns endlich vor dem ganzen Gegenstande ekelt oder grauet.« Als Beispiel hierfür wird Lamettrie angeführt, welcher sich als lachenden Demokrit stechen liess, dessen Lachen aber bei häufiger Betrachtung zu einem Grinsen werde; und ebenso sei es mit dem Schreien. »Der heftige Schmerz, welcher das Schreien auspresst, lässt entweder bald nach oder zerstört das leidende Subjekt. Wenn also auch der geduldigste, standhafteste Mann schreiet, so schreiet er doch nicht unablässlich. Und nur dieses scheinbar Unablässliche in der materiellen Nachahmung der Kunst ist es, was sein Schreien zu weibischem Unvermögen, zu kindischer Unleidlichkeit machen würde.« — Lessing kommt auf diesen Gedanken im ersten Theile des Laokoon nicht mehr zurück, wohl aber gedachte er es im zweiten Theile zu thun, an der Stelle, wo er von der Schönheit des Ausdrucks handeln wollte. Es heisst da im Entwurf des 32. Kapitels: »Unterschied in Ansehung der Schönheit des Ausdrucks, zwischen transitorischem und permanentem. Jener ist gewaltsam und folglich nie schön. Dieser ist die Folge von der öfteren Wiederholung des esteren, verträgt sich nicht allein mit der Schönheit, sondern bringt auch mehr Verschiedenheit in die Schönheit selbst.«

Das sind die Stellen, wo Lessing vom Transitorischen

handelt; sie sind es, gegen welche sich von den ver
schiedensten Seiten der ästhetischen Kritik der Widerspruch gerichtet hat. Aber um die Tragweite und Berechtigung dieser Widersprüche beurtheilen zu können,
müssen wir uns zunächst klar zu machen suchen, was
Lessing eigentlich mit seinem Verbot des Transitorischen
im Sinne gehabt hat; und das ist keineswegs so leicht,
wie es scheinen könnte. Denn mit Recht hat G u h -
z a u e r schon bemerkt, dass Lessing in der Fassung dieses
Begriffes nicht so scharf erscheint, wie es sonst seine
Art ist. Allerdings definirt er das Transitorische gleich
am Anfang als Erscheinung, zu deren Wesen wir es nach
unsern Begriffen rechnen, dass sie plötzlich ausbreche
und plötzlich verschwinde, dass sie das, was sie ist, nur
einen Augenblick sein könne. Wenn er nun aber unmittelbar darauf den lachenden Lamettrie oder den
schreienden Laokoon als Beispiele hierfür anführt, so stimmt
das, näher besehen, doch keineswegs mit jener Definition.
Denn weder Lachen noch Schreien können als Erscheinungen bezeichnet werden, welche plötzlich ausbrechen
und plötzlich verschwinden, oder welche das, was sie
sind, nur einen Augenblick sein können; vielmehr können
beide längere Zeit anhalten und können ebenso allmählich ausbrechen als allmählich verschwinden. Noch
weniger kann man das im ersten Entwurf als transitorisch
bezeichnete Lächeln mit jener Definition vereinen. Wir
finden denn auch dieses Beispiel der lächelnden Venus
im Laokoon selbst nicht verwerthet; aber immerhin bleibt
es doch derselbe Gedanke und der gleiche Widerspruch mit
seiner ersten Definition, wenn Lessing im 27. Abschnitt
den Reiz, also die Schönheit in Bewegung, als ein transitorisches Schönes bezeichnet. Hingegen stimmt es wiederum mit seinen Worten vom plötzlich Ausbrechen und

plötzlich Verschwinden überein, wenn er im Entwurf zur Fortsetzung das Transitorische des Ausdrucks als gewaltsam bezeichnet; denn hier entspricht doch wohl das »gewaltsam« dem »plötzlich« der andern Definition. Wir haben demnach streng genommen bei ihm zweierlei Anwendung des Wortes transitorisch: die eine, wo es nichts anderes bedeutet, als wörtlich das schlechthin Vorübergehende im Gegensatz zum Permanenten, Bleibenden; und die andere, speciellere, welche durch die anfangs gegebene Definition deutlich charakterisirt ist.

Aber welche von diesen beiden Anwendungen des Begriffes soll man als diejenige betrachten, welche Lessing eigentlich im Auge hatte, als er der Kunst das Transitorische untersagte? — Am nächsten liegend wäre es ja natürlich, sich an die Definition allein zu halten, um so mehr, als auch die spätere Anwendung des Wortes im zweiten Theil ihr entspricht; aber da ergiebt sich das Bedenken, dass bei strikter Wahrung der Definition der ganze Passus vom Transitorischen in den Zusammenhang, in welchem wir ihn finden, nicht recht passt. Denn, wie eben hervorgehoben, das Schreien des Laokoon ist nichts Transitorisches in diesem Sinne, sondern vielmehr ein Transitorisches im allgemeinen Sinne, ganz ebenso wie das Lachen Lamettries. Besser passt noch das gleich darauffolgende Beispiel der Medea; hier könnte der Augenblick des äussersten Affektes, also der Augenblick der Ermordung der Kinder, schon eher transitorisch im Sinne der Definition scheinen — freilich auch nur scheinen, denn wie wir später noch sehen werden, ist selbst hier Lessings Definition nicht im vollsten Sinne des Wortes anwendbar.

Es wird nunmehr deutlich sein, warum ich trotz des Widerspruches von Grosse dabei beharre, dass Lessing hier seine gewöhnliche Schärfe vermissen lässt. Denn wenn Grosse bemerkt, man sei aufs allerstrikteste dazu verpflichtet, bei der Auslegung eines Schriftstellers den Begriff so zu fassen, wie ihn dieser Schriftsteller nach seiner eigenen Erklärung gefasst haben wolle, so muss sich dem gegenüber die Kritik doch das Recht wahren, einen Widerspruch, den sie zwischen Definition und Anwendung des Begriffes findet, zu betonen.

Woher kommt nun dieser Widerspruch bei Lessing? — Ich glaube, es hängt das damit zusammen, dass Lessing im Verlaufe seiner Untersuchung auf zwei Gründe für sein Verbot des Transitorischen geführt wird. Der eine ist der, dass etwas Vorübergehendes durch die Verlängerung, welche es im Kunstwerk erfährt, widernatürlich werde. Dieser Punkt gilt ebensogut vom Transitorischen schlechthin, als vom Transitorischen im Sinne der Definition (welches ich, um einen bequemen Terminus dafür zu haben, das eminent Transitorische nennen möchte); er gilt ebenso von Erscheinungen, wie Weinen, Lachen, Schreien, Seufzen u. s. w., die man schlechthin transitorisch nennen kann, als vom Augenblick der höchsten Raserei der Medea, wenn wir diesen einstweilen als eminent transitorisch wollen gelten lassen. — Der zweite Grund, welcher gegen das Transitorische angeführt wird, ist der, dass er gewaltsam und daher hässlich ist. Dieser gilt wesentlich vom eminent Transitorischen; denn an und für sich ist Lachen oder gar das Lächeln der Venus, Weinen u. dgl. noch nicht hässlich.

Zu dieser Vermuthung des allgemeinen Begriffes mit dem speciellen kommt nun noch eins hinzu, was mit Antheil haben mag an dem Mangel der Schärfe in diesem Punkte: es musste bei der Behandlung eine Scheidung getroffen werden zwischen dem Transitorischen in der Handlung und dem Transitorischen im Ausdruck. Lessing spricht ja allerdings im wesentlichen von letzterem, da es ihm aber an der Hauptstelle doch auf die Wahl des Augenblicks im Verlaufe einer Handlung ankommt, so ist das Transitorische in der Handlung nicht minder zu berücksichtigen, wie das des Ausdrucks. Denn so sehr auch beides in der Regel zusammenfallen wird (ebenso wie wir betreffs der äussersten Staffel des Affektes es oben ausgesprochen haben, dass dieselbe meist mit der äussersten Stufe der Handlung zusammenfällt), so giebt es doch auch Handlungen, bei denen das Transitorische des Ausdrucks der Hauptperson nicht mit dem Transitorischen der Handlung zusammenfällt; und andrerseits steht der Begriff des Transitorischen überhaupt nicht in gleichem Verhältniss zur Handlung, wie zum Ausdruck. Eminent transitorische Momente der Handlung sind sehr häufig, und wir werden noch Gelegenheit haben, Beispiele davon anzuführen; eminent transitorische Momente des Ausdrucks hingegen sind in der ganzen Scala der Affekte verhältnissmässig seltner zu finden. Denn sehen wir näher zu, so werden wir die meisten Affekte, welche dabei in Betracht kommen könnten, eher als schlechthin transitorisch bezeichnen müssen; auch der Ausdruck des rasenden Ajax, wie er in den Herden wüthet, ja streng genommen selbst der der Medea, wenn sie ihre Kinder mordet, ist nur schlechtweg transitorisch. Nehmen wir selbst bei letzterer ein plötzliches Ausbrechen des Affektes an, obgleich man eigentlich bei der der That vorhergehenden längeren Ueberlegung und der unheilschwangeren Miene, mit welcher wir Medea z. B. auf antiken Gemälden vor dem Morde dargestellt sehen, auch hiervon nicht sprechen könnte, so ist doch ein ebenso plötzliches Aufhören des im Augenblick der Handlung vorhandenen Affektes bei ihr nicht denkbar; der Affekt, in welchem der Mörder die That begeht, kommt und verschwindet nicht immer so schnell wie der Blitz; am wenigsten, wenn eine That lange vorher überlegt und geplant ist, wie bei Medea. Etwas anderes ist es mit einer ohne Ueberlegung, im Augenblicke plötzlicher höchster Erregung vollbrachten That; für diese trifft das Bild des Blitzes zu, bei ihr decken sich Affekt und Handlung in ihrer Zeitdauer, beide sind eminent transitorisch. Gegenüber jedoch den überaus zahlreichen Beispielen von eminent transitorischen Handlungen oder körperlichen Bewegungen, dergleichen wir im Laufe eines Tages hunderte vollbringen, sind eminent transitorische Affekte verhältnissmässig selten.

Es wird nach dem bisher Dargelegten nunmehr wohl auf keinen Widerspruch stossen, wenn ich behaupte, dass wir bei Betrachtung dessen, was für oder gegen Lessings Verbot des Transitorischen von der modernen Aesthetik vorgebracht worden ist, uns nicht auf den Standpunkt stellen dürfen, als handle es sich bei Lessing nur um das eminent Transitorische, und als wären daher alle Einwendungen, welche nur das schlechthin Transitorische treffen, ausser Rechnung zu setzen. Allerdings müssen wir es aber auch ebenso entschieden verwerfen, wenn von Seiten der Opposition vielfach jene lessingische Definition des eminent Transitorischen ganz und gar bei Seite gelassen und nur das Verbot des schlechthin Transitorischen bekämpft wird. Das thut z. B. schon Herder, wenn er die Frage aufwirft: »Was ist denn eigentlich, was in der Natur nicht transitorisch, was in ihr völlig permanent wäre?« — Allerdings gäbe es Permanentes, das seien gewissermassen alle Körper; aber sie seien es doch eben nur als solche, als unbeseelte; mache man aber dies Bleibende in dem Transitorischen des Gegenstandes zum Augenmerk der Kunst ohne Einschränkung, so nehme man der Kunst ihren besten Ausdruck. »In der Natur ist alles übergehend: Leidenschaft der Seele und Empfindung des Körpers, Thätigkeit der Seele und Bewegung des Körpers, jeder Zustand der wandelbaren endlichen Natur.« — Niemand wird die Berechtigung dieser Sätze, die sich in dem bekannten Wort des Heraklit: πάντα ῥεῖ zusammenfassen lassen, anzweifeln, und eben darum hat das Lessing selbstverständlich auch recht gut gewusst; aber in solcher Allgemeinheit dürfen wir doch selbst das schlechthin Transitorische in solchen Fragen, wie die vorliegende, nicht fassen. Dasjenige, was wir nach Lessings Beispielen als schlechthin transitorisch zu bezeichnen haben, ist im Gegensatz zum Permanenten oder Beständigen jede Erscheinung, welche sich unsern Sinnen deutlich als vorübergehend markirt. Derartig ist das Lachen, das Schreien, ist der Ausdruck der Wuth u. dgl. m., derartig ist aber nicht eine längere Zeit sich gleich bleibende Stimmung der Seele, mag dieselbe auch in ihrem Verlauf einen gewissen Wechsel erleiden, wie etwa der Kampf sich widerstreitender Empfindungen bei der Medea oder wie das Gefühl von Reue und Beschämung beim Ajax: dies beides sind ja Seelenzustände, die längere Zeit anhalten und darum, obwohl sie ja natürlich schliesslich auch vorübergehen, doch permanent genannt werden können; permanent nicht bloss im Gegensatz zum eminent Transitorischen, sondern auch im Gegensatz zum schlechthin Transitorischen. Wenn also Herder behauptet, durch den lessingischen Satz: »Die Kunst soll nichts ausdrücken, was sich nicht anders als transitorisch denken lässt«, werde die Kunst todt und entseelt gemacht und in jene faule Ruhe versenkt, die nur den Klosterheiligen des Mittelalters gefallen könnte, sie verliere alle Seele ihres Ausdrucks«, so schiesst er damit weit über das Ziel hinaus. Selbst das Verbot des schlechthin Transitorischen wollte Lessing nicht bis zu jenen Grenzen ausgedehnt wissen, welche Herder ihm irrthümlicherweise imputirt.

Sehen wir weiter, womit Herder seine Opposition gegen Lessing begründet. Vornehmlich wendet er sich gegen Lessings Gedanken, dass jede transitorische Erscheinung, möge sie angenehm oder schrecklich sein, durch die Verlängerung der Kunst ein so widernatürliches Ansehen bekomme, dass mit jeder wiederholten Erblickung der Eindruck schwächer werde und dass endlich uns vor dem Ganzen ekle oder graue. Alle sinnlichen Freuden, bemerkt hiergegen Herder, seien bloss für den ersten Augenblick, und ebenso auch die Erscheinungen der schönen Kunst. Nach Lessings Grundsatze könnte man jeder Figur in der mindesten Handlung und Bewegung, ja in jedem Zustande des Körpers, den gleichen Vorwurf machen; bei keiner derselben daure ja Handlung oder Zustand ewig, immer also könnte die Verlängerung durch die Kunst als widerwärtig bezeichnet werden. Dem entgegen stellt Herder selbst die Forderung auf, dass die Kunst für einen einzigen, aber ewigen Anblick zu arbeiten habe; mache auch die menschliche Schwachheit, die Schlaffheit unserer Sinne und das Unangenehme des langen Anstrengens bei tief zu erforschenden Werken vielleicht ein zweites, vielleicht ein hundertstes Mal des Anblicks nöthig, so seien darum alle diese Male doch nur ein Anblick.

Auch diese Sätze sind an und für sich betrachtet durchaus richtig. Wenn wir ein Kunstwerk, möge es nun den bildenden Künsten oder der Dichtkunst oder der Tonkunst angehören, beim ersten Sehen oder Lesen oder Hören noch nicht ganz und voll erfassen und würdigen können, wenn wir erst bei mehrmaliger Betrachtung oder Anhörung seinen Werth oder Unwerth zu erkennen im Stande sind, so liegt das nicht im Kunstwerke selbst, sondern in uns, in einer gewissen Schwerfälligkeit unseres Denk- und Empfindungsvermögens. Verhalten sich doch hierin nicht die einzelnen Individuen gleich: wo der Laie oder der wenig Geübte zur Beurtheilung eines Kunstwerkes eine wiederholte Betrachtung nöthig hat, wird der erfahrene Kunstkenner oder wer angebornes Gefühl zur Erfassung von Kunstwerken hat, viel früher, vielleicht schon beim ersten Male, sein Urtheil gefällt haben, welches spätere Wiederholungen des Anblicks nur bestätigen, nicht umstossen werden. Also diesen herderischen Gedanken dürfen wir ohne weiteres zugeben; aber an und für sich beweist das nichts gegen Lessing. Wir müssen nun einmal mit jener »menschlichen Schwach-heit«, wie Herder es nennt, mit jener »Schlaffheit unserer Sinne« rechnen; wir sind nun einmal nicht immer und überall im Stande, beim ersten Blick ein festes Urtheil über den Werth eines Werkes zu fällen, und darum ist es in der That ein gewisses Kriterium, ob uns ein Werk, über welches wir beim ersten Anblick noch nicht recht im Klaren waren, mit jedem folgenden immer mehr gefällt oder immer mehr missfällt. So hätte denn Lessing auf jenen herderischen Einwand erwidern können: Ich meine ja nichts anderes, als du; denn ob die wiederholte Betrachtung eines Bildwerks eine frei-willige, wie ich es annahm, oder eine gezwungene, von der Natur aus gebotene ist, wie du behauptest, — was will das besagen, wenn das Resultat, dass nämlich das

Transitorische bei solcher wiederholter Betrachtung uns immer widerwärtiger in seiner Verlängerung durch die Kunst wird, doch das gleiche bleibt?

In der That liegt das punctum saliens bei der Bekämpfung des lessingischen Argumentes von dem Widerwärtigen der Verlängerung des Transitorischen durch die Kunst nicht darin, dass die Kunst streng genommen nur für einen einzigen und ewigen Anblick arbeite, sondern darin, dass das Transitorische hierbei überhaupt von gar keiner Bedeutung ist, dass es gar nicht im Transitorischen an sich zu suchen ist, wenn uns eine Darstellung bei wiederholter Betrachtung missfällt. Eine lachende Figur kann uns beim ersten Anblick unangenehm erscheinen und mit jedem neuen Anblick immer besser gefallen; umgekehrt kann uns eine im Zustand höchster Ruhe dargestellte Figur, die uns anfangs gefiel, bei späteren Betrachtungen immer mehr missfallen. Die Verlängerung des schlechthin Transitorischen ist durchaus kein Grund, welcher unser Missfallen hervorruft, damit hat Herder wiederum vollkommen Recht; und selbst zugegeben, dass der lachende Lamettrie je länger betrachtet um so widerwärtiger wird, so liegt der Grund nicht in der Verlängerung des transitorischen Lachens durch die Kunst, sondern das Bild war schon im ersten Augenblick an sich widerwärtig, nur dass wir das nicht in so hohem Grade empfanden, weil eben manches Widerwärtige anfangs nicht so stark fühlbar ist, dagegen durch die Verlängerung immer mehr und mehr sich geltend macht. Mit Recht schrieb Sturz an Lessing, Lamettrie grinse schon beim ersten Anblick. Der Grund, weshalb uns dieser lachende Philosoph so fatal ist, liegt ganz wo anders: nicht weil das Lachen, als ein Transitorisches, hier durch die Kunst verewigt wird, mögen wir das Bild nicht leiden, sondern weil es dem Wesen des Portraits, welches uns das Ideal eines Individuums wiedergeben soll, durchaus widerspricht, wenn das Individuum in einer ganz vorübergehenden, zu seinem Wesen durchaus nicht gehörigen Erscheinungs- form vorgeführt wird. Handelte es sich anstatt Lamettries etwa um das Genrebild eines trunken lachenden Satyrs, eines glückselig lachenden Kindes mit seinem Spielzeug oder um einen lustigen Bettelknaben nach der Art der Murillo'schen — wem fiele es ein, das durch die Kunst verlängerte Lachen bei wiederholter Erblickung als Grinsen zu empfinden und sich geärgert davon abzuwenden? —\ »Wer wird denn«, sagt Frauenstädt, »wenn er einen Lachenden im Bilde oder in einer Statue sieht, glauben, dass derselbe unaufhörlich lacht? Und wenn wirklich der Lachende bei längerem Ansehen sich nur in einen Grinsenden verwandelt, wer heisst uns denn, ihn so lange anzusehen, bis diese Verwandlung in uns vorgeht? — Anstatt zu folgern, dass Transitorisches auch nur transi- torisch angesehen werden darf, hat Lessing fälschlich ge- folgert, dass es in einem transitorischen Material geschehen müsse, als ob Lachen und Schreien dadurch, dass sie im Bilde oder in der Statue fixirt sind, aus transitorischen zu dauernden Zuständen würden.«

Im allgemeinen übereinstimmend mit Herders Pole- mik ist das meiste, was von der modernen Aesthetik gegen Lessings Verbot des Transitorischen vorgebracht wird. Und leugnen dürfen wir es nicht, dass die Oppo- sition im Recht ist, wenn sie sich gegen das Verbot des schlechthin Transitorischen, wozu Lachen und Schreien u. dgl. gehört, wendet und Lessings Standpunkt in dieser Hinsicht als zu rigoros bezeichnet. Dass das schlechthin Transitorische, also dasjenige Transitorische, welches nicht als plötzlich ausbrechend und plötzlich verschwindend bezeichnet werden kann, durchaus von der Kunst dargestellt werden darf, das lehrt die Kunst aller Zeiten; es wäre ein Minimum von Motiven, die der Kunst übrig blieben, wenn man das schlechthin Transitorische aus-schliessen wollte. Beispiele oder Belege hierfür braucht es nicht; sie werden jedem ohne weiteres in Menge bei-fallen. Wir lassen daher vorläufig das schlechthin Trans-itorische bei Seite und beschäftigen uns zunächst nur mit dem eminent Transitorischen, mit den Erscheinungen, welche das, was sie sind, nur einen Augenblick sein können; also mit dem, was wohl Lessing, wenn wir seiner eigentlichen Ansicht auf den Grund gehen wollen, vornehm-lich im Auge gehabt hat, trotz seiner ungeeigneten Beispiele und seines gelegentlich erweiterten Gebrauchs des Begriffes transitorisch. Schon G a r v e in seiner Besprechung des Laokoon fasste Lessings Gedanken nur in diesem Sinne auf; »der Künstler muss die Gegenstände, die g a n z a u g e n-b l i c k l i c h sind, vermeiden,« so drückt er den zusammen-gefassten Sinn des Abschnittes aus. Nur um solche Erschei-nungen oder Affekte handelt es sich daher hier zunächst.

Wenn wir nun aber fragen, wie sich diesem, nun-mehr also ganz bestimmt abgegrenzten Verbot des e m i-n e n t T r a n s i t o r i s c h e n gegenüber die moderne Aesthe-tik verhält, so müssen wir gestehen, dass man scharfe und hinreichend präcis dargelegte Ansichten in dieser Hinsicht meist vermisst. Ich spreche dabei nicht von G o e t h e, welcher in seiner Abhandlung über den Lao-koon sagt, wenn ein Werk der bildenden Kunst sich vor unsern Augen bewegen solle, so müsse ein vorüber-gehender Moment gewählt sein. Denn schon Grosse hat darauf hingewiesen, dass Goethe sich in gar keinem direkten Widerspruch mit Lessing befindet; der vorüber-gehende Moment, von welchem Goethe spricht, ist nur ein schlechthin transitorischer, kein eminent transitori-rischer. Goethe meint einen Moment, welcher aus einer Reihe aufeinander folgender, untereinander innerlich zu-sammenhängender Momente herausgehoben ist; das emi-nent Transitorische steht aber sowohl mit allen voraus-gehenden, wie mit allen folgenden Momenten ausser Zu-sammenhang. Dieser Unterschied wird von der neueren Aesthetik zu wenig beachtet. Wenn Vischer gegen Lessing bemerkt: »Die Bildhauerkunst wäre auf einen unerträglich engen Spielraum beschränkt, wenn es ihr nicht erlaubt sein sollte, das Augenblickliche darzustellen,« so fehlt jede nähere Bestimmung darüber, was er mit diesem »Augenblicklichen« eigentlich meint; und wenn man weiterhin sieht, dass er als Gegentheil davon »ge-wichtige Ruhe« bezeichnet, so gewinnt es den Anschein, als ob auch er den Begriff des Transitorischen nicht streng genug erfasst habe. Das Gleiche gilt von Feuer-bach, wenn er in seinem »vaticanischen Apollo« sagt: »Auch das Schnellvorübergehende des Affektes ist kein Grund, die Darstellung desselben dem Plastiker zu ver-weigern.« Der Begriff »schnell« ist eben so relativ, dass, wie wir später noch sehen werden, gar manches schnell sein kann, was durchaus nicht eminent transitorisch ist, während umgekehrt allerdings jegliches im eminenten Sinne Transitorische auch unter allen Umständen mit Schnelligkeit verbunden sein muss. Auch trennte Les-sing selbst diese beiden Begriffe; denn während er, wie erwähnt, das Transitorische im 32. Abschnitt noch be-handeln wollte, war der 45. und 46. Abschnitt zur Be-sprechung der Bewegung und der Schnelligkeit in der Malerei bestimmt, und wir werden noch darauf zurück-zukommen haben, wie Lessing über die Darstellung der Schnelligkeit durch die Kunst dachte.

Denselben Fehler, das Schnelle mit dem Transitorischen zu verwechseln, haben auch andere noch begangen; so z. B. Schopenhauer, welcher in seinem Buch »Die Welt als Wille und Vorstellung« sagt: »Lessings Argument vom Transitorischen hat hundert Beispiele von vortrefflichen Figuren gegen sich, die in ganz flüchtigen Bewegungen, tanzend, ringend, haschend u. s. w., festgehalten worden sind.« Das heisst freilich, sich die Sache leicht machen, anstatt der Frage auf den Grund zu gehen; aber mit diesem oberflächlichen Einwande haben sich die meisten Gegner Lessings, bis herunter auf Dühring, begnügt.

Auch Hegel ist in seiner Aesthetik der Frage nach dem Transitorischen näher getreten, nur macht er dabei eine scharfe, keineswegs überall gerechtfertigte Sonderung zwischen Malerei und Skulptur. Während er der ersteren zugesteht, »dass sie auch das Flüchtigste zu fixiren im Stande sei, dass der Maler den vorübergehendsten Bewegungen, den flüchtigsten Ausdrücken des Gesichts, den augenblicklichsten Farbenerscheinungen nachschleiche und sie im Interesse dieser an ihnen verschwindenden Lebendigkeit des Scheinens vor uns bringe,« nimmt er für die Skulptur durchaus Ruhe in Anspruch. Die Geberde, welche die Stellung in der idealen Skulptur auszudrücken beauftragt werden könne, dürfe nicht eine schlechthin veränderliche, augenblickliche sein. »Die Skulptur muss nicht so darstellen, wie wenn Menschen durch Hüons Horn mitten in Bewegung und Handlung versteinert oder gefroren wären. Im Gegentheil muss die Geberde, obgleich sie auf ein charakteristisches Handeln allenfalls hindeuten kann, doch nur ein Beginnen und Zubereiten ausdrücken, eine Intention, oder sie muss ein Aufhören oder Rückkehren aus der Handlung zur Ruhe bezeichnen.

Die Ruhe und Selbständigkeit des Geistes, der die Möglichkeit einer ganzen Welt in sich schliesst, ist für die
Skulpturgestalt das Gemässeste.« — So wenig wir Hegel
in seiner der Malerei gewährten Licenz durchweg werden
beistimmen können (worauf wir später noch zurückkommen), so wenig gilt das von der Plastik Gesagte für
diese durchweg, obschon es eigentlich nichts anderes ist,
als Lessings Verbot der äussersten Staffel des Affektes.
Für die ideale Plastik der Göttergestalten oder der heiligen Figuren der christlichen Kunst besteht seine Forderung zu Recht; auf alle Werke der Plastik sie auszudehnen, wäre durchaus ungerechtfertigt. Uebrigens hat
Hegel selbst auch im wesentlichen nur an die idealen
Einzelfiguren dabei gedacht. An einer andern Stelle
sagt er ausdrücklich: »Das Herausgegangensein aus sich,
das sich Hineinreissen in die Mitte einer bestimmten
confliktvollen Handlung, die Anstrengung des Augenblicks, die nicht so aushalten kann und will, sind der
ruhigen idealen Skulptur entgegen und treten mehr
nur da auf, wo in Gruppen oder Reliefs mit einem
Anklange an das Princip der Malerei besondere Momente
einer Handlung zur Darstellung gebracht werden. Der
Effekt durch gewaltsame Affekte und deren vorübergehenden Ausbruch thut zwar seine sofortige Wirkung,
dann aber hat er sie auch gethan, und man kehrt nicht
gern dahin zurück. Denn das Hervorstechende, das vorgestellt wird, ist die Sache des Augenblicks, die man im
Augenblick sieht und erkennt, während gerade die innere
Fülle und Freiheit, das Unendliche und Hohe, worin man
sich dauernd versenken mag, zurückgesetzt ist.« — Hier
ist deutlich genug ausgesprochen, dass Hegel seine Forderung für Darstellung von Handlungen in der Plastik
nicht zur Anwendung gebracht wissen will.

Unter allen modernen Aesthetikern aber, welche sich mit der Frage nach dem Transitorischen beschäftigt haben, hat niemand den Begriff des eminent Transitorischen so scharf und richtig, so sehr — wir dürfen es wohl sagen — im Sinne der lessingischen Definition erfasst, als der Anatom Henke in seiner Schrift über die Laokoon-Gruppe, derselben Schrift, von der die neuesten Herausgeber von Danzel-Guhrauers »Leben Lessings« sagen, sie sei »ein wunderliches Produkt, welches sich anfangs lese, als sei es von einem Metzgergesellen geschrieben«, während dieser »Metzgergeselle« (welcher übrigens heut Professor der Anatomie in Tübingen ist) doch über den Begriff des Transitorischen sich jedenfalls klarer ist, als die genannten Herausgeber. Wir werden im Folgenden sogleich Veranlassung haben, eingehender auf Henkes Ansichten zurückzukommen.   ·

Indem wir nunmehr nach dieser kurzen Besprechung des Verhältnisses der nachlessingischen Aesthetik zu der in Rede stehenden Frage der Sache selbst näher treten, um zu sehen, wie dieselbe in ihrem innersten Wesen zu fassen ist und welche Aufschlüsse uns die Kunstgeschichte darüber giebt, so haben wir dabei die Bemerkung vorauszuschicken, dass beim Transitorischen (worunter wir hier und im Folgenden zunächst immer das eminent Transitorische verstehen) man das Transitorische einer Handlung, einer Begebenheit oder eines körperlichen Vorganges vom Transitorischen des Ausdrucks zu scheiden hat, weil diese beiden sich sowohl hinsichtlich der Häufigkeit ihres Vorkommens, als hinsichtlich ihres Verhältnisses zur bildenden Kunst unterscheiden, obschon das Resultat, auf welches wir hinauskommen werden, schliesslich für beide das gleiche sein wird. Das Transitorische einer Handlung oder eines räumlichen resp. körperlichen

Vorganges kann sich ebenso an einem lebendigen, als an einem leblosen Objekte äussern, und seine Erscheinungen sind zahllos. Ein von einem Thurm herabfallender Mensch, ein Blitz, ein abgeschossener Pfeil u. dgl., das sind Beispiele für das räumlich Transitorische, wie ich es nennen möchte. Das Transitorische des Ausdrucks aber zeigt sich nur und allein am Menschen, und zwar nur auf dem Antlitz des Menschen, denn obgleich die Geberde, d. h. irgendwelche Bewegung des Körpers oder von Theilen desselben, vielfach auch zum Ausdruck dazugehört und ebenso wie dieser durch den Affekt hervorgerufen wird, so muss dieselbe doch, sobald sie eminent transitorisch ist, eher zum räumlich Transitorischen gerechnet werden. Die Zahl der Affekte jedoch, welche sich in plötzlichem Ausbrechen und plötzlichem Verschwinden manifestiren, ist sehr gering: ein momentaner Zornesblitz, fast nur im Auge kenntlich, ein höhnisches, im Augenblick des Entstehens schon wieder verschwindendes Zucken der Mundwinkel, das sind z. B. transitorische Erscheinungen des Ausdrucks. Die Art und Weise, wie sich dieselben den Sinnen kenntlich machen, ist allerdings auch eine räumliche, weil wir eben nur einen räumlichen Vorgang sinnlich wahrnehmen können; aber es besteht dennoch darin ein Unterschied zwischen dem räumlich Transitorischen und dem Transitorischen des Affektes, dass bei jenem der räumliche Vorgang an sich wirklich das Transitorische ist, während bei diesem das eigentlich Transitorische der an sich gar nicht sichtbare, im Geiste des Menschen erfolgende Vorgang ist, von welchem der Ausdruck uns nur das Abbild giebt. Es giebt daher auch ein Transitorisches des Affektes, welches sich durchaus im Innern des Menschen vollzieht, ohne auf seinen Zügen durch irgendwelche Spur sich zu verrathen. Da also diese beiden Arten des Transitorischen ihrem innersten Wesen nach verschieden sind, obgleich sie in ihrer Aeusserung den gleichen Gesetzen des Raumes unterliegen, so verdienen sie auch eine gesonderte Betrachtung.

Dass wir Affektsäusserungen wie Lachen oder Schreien, die lessingischen Beispiele des Transitorischen, nicht schlechtweg unter das Transitorische des Ausdrucks mehr rechnen können, haben wir bereits früher angedeutet. Beide können allerdings unter Umständen wirklich transitorisch sein: es giebt ein momentanes blitzartiges Lachen, wie es ein momentanes Schreien giebt, das in dem zeitlich kaum messbaren Ausstossen eines kurzen Schreies besteht. Ist nun die Kunst im Stande, derartige Aeusserungen wiederzugeben? — Die Antwort darauf muss unbedingt verneinend ausfallen. Eine Einzelfigur, wenn sie nicht im Zusammenhang mit andern Wesen gedacht ist (mögen dieselben nun mit dargestellt sein oder vom Beschauer nur hinzugedacht werden) oder in irgendwelcher bestimmten, deutlich kennbaren Situation sich befindet, könnte überhaupt nicht in solchem Affekte gefasst werden; denn solche transitorische Affekte werden eben in der Regel durch äussere Umstände hervorgerufen. Das hatte auch Mendelssohn im Sinn, als er zu Lessings Entwurf die Bemerkung dazuschrieb, »eine Person allein und in Ruhe müsse einen fortdauernden Anstand, in Verbindung oder Handlung aber eine transitorische Attitude haben«; nur dass Mendelssohn dabei nicht das eminent Transitorische im Auge hatte, sondern das Transitorische schlechtweg. Für dies trifft auch seine Bemerkung vollständig zu; sie bezeichnet daher auch deutlich den Fehler des Lamettrie'schen Portraits, welches eben deswegen missfällt, weil wir sein Lachen weder durch irgend welche Verbindung mit einem Vorgange, noch durch irgendwelche erkennbare Handlung motivirt sehen. Wenn dies nun schon beim schlechthin Transitorischen zutrifft, so in noch viel höherem Grade beim eminent Transitorischen. Es giebt allerdings Fälle, wo auch ohne solchen äusserlich sichtbaren Anlass das plötzliche Ausbrechen eines transitorischen Affektes möglich ist, und zwar in Folge eines innerlichen Gedankenprocesses. Aber so gut es möglich ist, einer Einzelfigur einen bestimmten Ausdruck einer ruhigen Stimmung aufzuprägen, so wenig geht es an, aus einem in einer Reihe verschiedentlicher Affekte sich äussernden Gedankenprocess einen einzelnen und noch dazu einen durchaus flüchtigen Moment herauszugreifen und darzustellen. Es fehlt der bildenden Kunst die Möglichkeit, welche die dramatische Kunst hat, zu zeigen, dass der Ausdruck unmittelbar vorher und der Ausdruck unmittelbar nachher ein vom dargestellten durchaus verschiedener ist; hier tritt die von Lessing perhorrescirte Verlängerung durch die Kunst als Hinderniss ein, freilich nicht in der Weise, dass sie dem Beschauer den Anblick widerwärtig macht, sondern dadurch, dass sie in dem Beschauer die Meinung erweckt, die dargestellte Person befinde sich überhaupt und längere Zeit in diesem vom Künstler erfassten Affekte.

Ganz das Gleiche ist aber der Fall, wenn es sich um Darstellung einer in einer bestimmten äusserlichen Situation erfassten Person oder einer Gruppe handelt. Man muss dabei festhalten, dass das plötzliche Ausbrechen nicht das alleinige Merkmal des Transitorischen ist; ganz eben so nothwendig gehört das plötzliche Verschwinden, und zwar das unmittelbar darauf erfolgende plötzliche Verschwinden dazu. Wenn wir also auf Rafaels

Bild von der Bestrafung des Ananias die Umstehenden
von einem plötzlichen ungeheuern Schrecken erfasst sehen,
so ist zwar das Moment des plötzlich Ausbrechens da,
nicht aber das des plötzlich Verschwindens; denn dieser
Schreck bleibt noch einige Zeit bestehen, die Gesichter
werden noch mehrere Augenblicke den gleichen Ausdruck starren Entsetzens bewahren, und darum ist der
Künstler berechtigt, diesen Ausdruck zu fixiren. Nehmen
wir nun aber folgendes Beispiel: ein Künstler will den
Augenblick malen, wo Tell vor dem verhängnissvollen
Schuss seinen zweiten Pfeil aus dem Köcher nimmt und
in den Busen steckt. Ein dramatischer Darsteller wird
hier nicht ohne Glück und sicher in der Intention des
Dichters ein augenblickliches Aufleuchten des Rachege-
dankens für den Fall des Misslingens in den Zügen des
Helden wiedergeben: momentan wie ein Aufleuchten des
Blitzes, denn das lauernde Auge des Landvogts ruht auf
ihm. Kann das der bildende Künstler ebenfalls? —
Unmöglich; er kann die Aktion des Pfeilherausnehmens
malen, nicht aber jenen vom Schauspieler angebrachten
Zug; denn der Beschauer würde den Tell vor seinem
Bedrücker mit einem Ausdruck stehen sehen, welcher
der Situation an sich unangemessen ist; er würde sich
nicht sagen, dass dieser Ausdruck, wie er im Augenblick
vorher noch nicht da war, so auch im nächsten bereits
wieder verschwunden ist, sondern er würde und müsste
sich fragen: Sieht denn der Landvogt dem mit solchem
Blick vor ihm stehenden Manne nicht an, dass er furchtbare Rachegedanken hegt? — Oder nehmen wir an, ein
Künstler stellte sich die Aufgabe, das Ausstossen eines
kurzen Schreies wiederzugeben. Hier kann er die Züge
der Angst, des Schreckens oder was sonst Veranlassung
zum Ausstossen des Schreies ist, wohl fixiren, wenn er

aber das Schreien selbst durch die entsprechende Oeffnung des Mundes wiedergiebt, so sehen wir wohl einen
schreienden Menschen, aber wir erkennen nicht mehr,
dass dieser Schrei von blitzartiger Schnelligkeit zu denken ist; jeder Beschauer wird vielmehr den Eindruck
haben, als handele es sich um ein unbestimmt ver-
längertes Schreien. Es fehlt eben der Kunst durchaus
die Möglichkeit, bei den transitorischen Erscheinungen
des Ausdrucks das eminent Transitorische vom schlechthin Transitorischen zu unterscheiden; sie muss beide
genau auf dieselbe Art wiedergeben, und der Beschauer,
welcher das Werk ja nicht einen Augenblick, sondern
länger betrachtet, wird eben schon durch diese Verlängerung seiner Betrachtung ganz von selbst zu der
Meinung kommen, dass der dargestellte Affekt als schlechthin transitorisch, d. h. als nicht eben so plötzlich wieder
verschwindend aufzufassen sei. Nicht also die Unmöglichkeit, den betreffenden transitorischen Affekt überhaupt
wiederzugeben, verbietet die Darstellung solchen eminent
transitorischen Ausdruckes, sondern die Unmöglichkeit,
den dargestellten Affekt als rein transitorisch zu kennzeichnen.

Allerdings giebt es auch rein transitorische Affekte,
welche sich in einer Weise äussern, dass die Kunst überhaupt sie wiederzugeben ausser Stande ist. Es sind das
Affekte, die sich in einem rapid vorübergehenden Spiel
oder Zucken der Gesichtsmuskeln äussern, und die sich
ebensowenig darstellen lassen, wie verschiedene, am
Körper hervortretende, rein transitorische Erscheinungen
verwandter Art, die theils auf psychischen, theils
aber auch auf physischen Ursachen beruhen. Denn
welchem Künstler wäre es möglich, etwas so Transitorisches, wie das augenblickliche Schütteln des Kopfes oder

das Frostschaudern des ganzen Körpers oder jene eigenthümliche, auch in den Mienen sich ausprägende Empfindung, welche wir mit den Worten: mich überläuft's,
zu bezeichnen pflegen, wiederzugeben? — Denn hier
liegt der Eindruck, welchen eine derartige Erscheinung
in uns macht, nicht in einem daraus herausgehobenen
Theilchen eines Momentes, sondern in der ganzen unendlich schnellen Reihenfolge verschiedener Augenblicks-
theilchen; alle diese zusammengenommen erzeugen in
uns das Bild z. B. der zuckenden Mundwinkel, des sich
Schüttelns u. dgl. m., ein einzelner davon aber, herausgegriffen und fixirt, würde uns als fremdartige Verzerrung
anstarren und kein Mensch dabei die Intention des
Künstlers auch nur ahnen können. Einen ähnlichen Gedanken sprach Hegel aus, indem er darauf aufmerksam
macht, dass bei der Skulptur vielfach die in die äussere
Gestalt heraustretenden seelischen Aeusserungen nicht
darstellbar seien, z. B. das Zittern der Hand und des
ganzen Körpers beim Ausbruch der Wuth, das Zucken
der Lippen u. s. w.; er fährt sodann fort: »Ausser den
eigentlichen Mienen enthält der physiognomische Ausdruck noch vieles, was bloss flüchtig über das Gesicht
und die Stellung des Menschen hinspielt. Ein augenblickliches Lächeln, ein plötzlich aufloderndes Augen-
rollen des Zornes, ein schnell verwischter Zug des Spottes
u. s. w. Besonders haben Mund und Augen in dieser
Hinsicht die meiste Beweglichkeit und Fähigkeit, jede
Nüance der Gemüthsbestimmung in sich aufzunehmen
und erscheinen zu machen. Solche Veränderlichkeit,
welche einen gemässen Gegenstand der Malerei abgiebt,
hat die Skulpturgestalt von sich abzulehnen; sie muss
sich im Gegentheil auf die bleibenden Züge des geistigen
Ausdruckes hinrichten und diese sowohl im Antlitz als

in Stellung und Körperform festhalten und wiedergeben.«
— Hier hätte Hegel nur nicht der Malerei die Möglichkeit vindiciren sollen, derartige transitorische Affekte
wiederzugeben. Es ist natürlich richtig, dass der Malerei,
schon weil sie über die der Skulptur versagte Farbe ver-
fügt, ein bei weitem grösseres Gebiet von seelischen Zuständen wiederzugeben möglich ist, als der Skulptur;
aber so eminent transitorische Affekte, wie die bezeichneten, bei denen eben der ganze Eindruck 'erst auf der
Veränderung, nicht auf dem plötzlich Erscheinen und
plötzlich Verschwinden eines bestimmten psychischen
Ausdrucks beruht, sind auch ihr darzustellen unmöglich.
Die zuerst besprochene Art eminent transitorischer Affekte
könnte die Kunst wohl darstellen, soll sie aber nicht,
weil dadurch ein falscher Eindruck beim Beschauer hervorgerufen würde; die zuletzt besprochene Art, die eigentlich nichts ist, als räumlich-transitorische Erscheinungen
auf psychischer Grundlage, kann sie überhaupt nicht
darstellen.

Wir erhalten also als das Resultat dieser ersten Betrachtung den Satz: das eminent Transitorische
des Ausdrucks ist der Kunst versagt.

Wie steht es nun mit dem räumlich Transitorischen? —
Wir haben soeben Beispiele kennen gelernt, welche wir
zum räumlich Transitorischen rechnen müssen und an
denen sich die Unfähigkeit der Kunst, dergleichen darzustellen, gezeigt hat; gilt das aber vom räumlich Transitorischen überhaupt?

Wenn wir uns unter den Beispielen umsehen, welche
die Vertheidiger des Transitorischen in der Kunst als
Belege für ihre Ansicht angeführt haben, so müssen wir
bei genauerer Erwägung sagen, dass dieselben fast alle
gar nicht passend sind, indem sie nicht als eminent trans-

itorisch im Sinne der lessingischen Definition gelten
können. Vischer führt den myronischen Diskobol,
seinen Wettläufer Ladas, welcher mitten im schnellsten
Lauf begriffen todt niedersinkt, als Beispiele an; auch
die eilig laufende Diana von Versailles und den Apoll
vom Belvedere. Aber alle diese Statuen haben Stellungen,
welche fixirt werden können; der Diskuswerfer ruht,
wenn auch nur ein kleines Theilchen eines Momentes,
in dieser Stellung; auch ist die Stellung, in der wir ihn
sehen, nicht ganz plötzlich und unvermittelt geschaffen
worden, ebensowenig wie sie plötzlich und unvermittelt
aufhört: vielmehr geht dem dargestellten Moment der
vom Beschauer klar und deutlich zu erkennende Augenblick vorher, in welchem der Diskuswerfer aus seinem
vorher ruhigen Stande in den des Rückschwunges übergeht, und es folgt der nicht minder bestimmt sich ausprägende Moment, in welchem er aus seiner Stellung in
die Höhe springend den Arm nach vorn und die Scheibe
fortschleudert. Ganz ähnlich liegt die Sache beim Ladas,
welcher im Lauf zusammenbricht; denn niemand wird das
Laufen als etwas plötzlich Ausbrechendes und plötzlich
Verschwindendes bezeichnen können oder als eine Erscheinung, die das, was sie ist, nur einen Augenblick
sein kann; und auch kein einzelner Moment des Laufens
kann in diesem Sinne als transitorisch bezeichnet werden.
Ebenso sagt Henke vom borghesischen Fechter: »Man
kann sich so, wie er steht, ruhig hinstellen; aber man
wird es im Leben nicht thun. Daher kann man ihn so
stehend anschauen und sich denken, dass er momentan
anhält, aber man weiss doch, dass er im Rennen ist.«
Das Gleiche gilt in noch viel höherem Grade von Figuren, welche nicht einmal im Laufe, sondern nur im
schnellsten Schritt vorgestellt sind, wie die Diana von

Versailles oder der vaticanische Apollo. Alle diese Beispiele, ebenso wie die von S c h o p e n h a y e r in seiner
oben citirten Aeusserung beigebrachten, haben mit dem
eminent Transitorischen nach Lessings Definition durchaus nichts zu thun.

Wo haben wir nun aber etwas rein Transitorisches
im Räumlichen, wenn wir all die angeführten Erscheinungen nicht dazu rechnen dürfen? — Die Antwort
darauf ist folgende:

Alles das ist im eminenten Sinne transitorisch, dessen
Bewegung nicht nur plötzlich, ohne Vorbereitung beginnt und unmittelbar darauf eben so plötzlich wieder
endigt, sondern welches sich auch vor unsern Augen mit
solcher Schnelligkeit bewegt, dass das Auge ausser
Stande ist, den sich bewegenden Gegenstand mit voller
Deutlichkeit zu erfassen. Nur wo diese beiden Bedingungen da sind, können wir etwas eminent transitorisch
nennen; fehlt die erste, das von Lessing nicht umsonst
betonte plötzlich Ausbrechen und plötzlich Verschwinden,
so haben wir einfach einen sehr hohen Grad von
Schnelligkeit, aber nichts eminent Transitorisches. Ein
bei uns vorübersausender Eisenbahnzug ist also nicht
transitorisch im eminenten Sinne; denn wenn er auch bei
uns mit solcher Geschwindigkeit vorüberrast, dass wir
die einzelnen Theile nicht deutlich mit unsern Sinnes-
organen erfassen können, so erscheint er doch nicht
plötzlich vor uns, sondern wir sehen ihn schon eine
Weile vorher ankommen, wie wir ihn auch eine Weile
nachher wieder verschwinden sehen. Nicht auf den Grad
der Geschwindigkeit an und für sich kommt es an, sondern auf das Verhältniss zwischen der Zeitdauer der Erscheinung und ihrer Schnelligkeit. Darum können Erscheinungen, die hinsichtlich ihrer Schnelligkeit sehr weit

voneinander entfernt sind, wie etwa ein zu Boden
fallender Gegenstand und ein überspringender elektrischer
Funke, doch beide ganz in gleicher Weise eminent transitorisch sein.

Ich muss hier als besonders instruktiv die Beispiele
anführen, welche Henke in seiner genannten Schrift
gebraucht. Eine rein transitorische Erscheinung ist der
Blitz. Der Blitz ist an sich ja nichts als ein elektrischer
Funke, welcher plötzlich ausbrechend mit rapider Geschwindigkeit einen bedeutenden Weg vor unsern Blicken
zurücklegt und ebenso im Nu wieder verschwindet. So
schnell ist seine Bewegung, dass wir ihn nirgends als das,
was er ist, als Funken, erfassen können, sondern dass
das Auge ihn in allen Punkten des Weges, welchen er
genommen, zu gleicher Zeit sieht. Es ist klar, dass der
Blitz als solcher, d. h. als einzelner elektrischer Funke,
nicht gemalt werden kann, weil man ihn eben nicht als
das, was er ist, erkennen würde; wenn man, wie das
häufig geschieht, den Blitz malt, so malt man ihn in der
Weise, wie er sich dem Auge darstellt, als zackige Linie,
man malt also das sich Bewegende an allen Punkten des
Weges, welchen es in seiner schnellen Bewegung nimmt.
Das ist ein Nothbehelf; freilich immerhin ein so bedenklicher, dass man schliesslich doch zu dem Resultat
kommen muss, auch in dieser Weise sei der Blitz etwas
für die Kunst nicht Darstellbares. Denn auch die Erscheinung an sich, so wie sie dem Auge sich darstellt,
ist eine so plötzliche, dass ihre Festhaltung durch die
Kunst uns befremdlich erscheinen muss: die Natur des
Blitzes ist so eng mit dem Momentanen verbunden, dass
ein auf der Leinwand festgehaltener Blitz eben kein Blitz
mehr ist. Niemand wird hoffentlich dagegen den Einwand erheben: man erkenne es ja doch, dass das ein

Blitz sein solle, und das genüge ja. Man erkennt freilich auch an der Schiefertafel-Kritzelei eines Kindes, dass
dies ein Haus, jenes ein Mensch sein solle: aber wer
wird dies Erkennen dessen, was vorgestellt sein soll, für
den genügenden Beweis erklären, dass der betreffende
Gegenstand auch wirklich dargestellt ist?

Henke führt als etwas dem Blitz Aehnliches, aber
absolut nicht Darstellbares, das Wetterleuchten, an; »man
kann«, sagt er mit Beziehung auf ein Geibel'sches Wort,
»das Wetterleuchten nicht anstarren, denn dazu gehört
Zeit: deshalb kann man es auch nicht malen. Denn was
man im Bilde anstarren und sich dabei als wirklich vorstellen soll, müsste man auch, wenn es wirklich wäre,
anstarren können. Das gilt natürlich im Grunde auch
vom Blitz; und man kann ihn nur eher in dem Bilde
einer hellen zackigen Linie erkennen, weil dies eine so
einzige Erscheinung ist.« Ich gehe noch etwas weiter
als Henke und sage: man ist nur deswegen darauf verfallen, den Blitz zu malen, weil er eine unregelmässige,
zackige Linie beschreibt. Folgte der Blitz einer geraden
Linie, keinem Maler wäre es je eingefallen, ihn zu malen.
Der beste Beleg dafür ist, dass noch niemals jemand den
Versuch gemacht hat, eine Sternschnuppe oder ein Meteor
zu malen. Und darum ist auch das Wetterleuchten undarstellbar, weil es keinen bestimmten, charakteristischen
Weg verfolgt, sondern nur ein beträchtliches Stück des
Himmels auf einen Augenblick erhellt.

Stellt sich nun schon bei diesen transitorischen Erscheinungen, wobei der sich bewegende Gegenstand ein
einfacher heller Punkt ist, welcher in dem Gesammtver-
laufe seines Weges doch immerhin einen bestimmten
Eindruck macht, die Unmöglichkeit der künstlerischen
Vorstellung heraus, so wird sich diese Unmöglichkeit

noch viel deutlicher zeigen, wo es sich um zusammengesetzte, an sich in Ruhe ein deutliches Bild gewährende Körper handelt. Henke wählt, um dies klar zu machen, das Bild eines von einem Baume herunterfallenden Menschen. Kann sich auch diese Bewegung an Schnelligkeit nicht entfernt mit den eben besprochenen Erscheinungen messen, so ist sie doch immerhin so geschwind, dass der Zuschauer das fallende Objekt nicht einen Augenblick deutlich zu erkennen vermag; wollte man das nun malen, so müsste eigentlich sein Bild, gerade so wie der Blitzfunke, an einer ganzen Reihe von Stellen zugleich hingemalt werden. »Dabei könnte dann sein Bild an keiner Stelle rein und deutlich erscheinen, wie man ihn auch in Wirklichkeit während des Fallens nicht deutlich sehen würde. Wenn man ihn aber, wie das wohl geschieht, einfach mitten in der Luft hinmalt, so kann man wohl schliessen, dass er da, wenn er kein Hexenmeister ist, nicht so hängen bleiben wird; aber das ist dann ebensowenig eine künstlerische Nachahmung eines als wirklich vorzustellenden Eindruckes, als wenn man, um den Blitz zu malen, mitten am Himmel einen hellen Punkt hinsetzte.«

Man könnte dagegen vielleicht einwenden, dass auch das Springen etwas rein Transitorisches sei und dass doch sehr häufig ein Mensch oder ein Thier mitten im Sprung, also in der Luft schwebend, von der Kunst dargestellt worden sei und noch werde. Aber dieser Einwand ist, näher besehen, nicht stichhaltig, weil diese Bewegungen nicht in Wahrheit eminent transitorisch sind. Plötzliches Ausbrechen und plötzliches Verschwinden kann man freilich auch ihnen zugestehen; aber die Bewegung selbst ist nicht den Anforderungen des eminent Transitorischen entsprechend. Jede Sprungbewegung ist nämlich eine aus verschiedenen Arten von Geschwindigkeit sich zusammensetzende: man springt nicht in genau horizontaler Linie mit durchweg gleichmässiger Geschwindigkeit, sondern die Sprunglinie ist eine Curve, in deren höchstem Punkt die bis dahin noch wirksame Kraft des Abschwungs nicht mehr die Kraft der natürlichen Schwere zu überwinden vermag, worauf der zweite Theil der Curve, das sich zur Erde Senken, vollendet wird. Dieser höchste Punkt des Sprunges ist also eine Art Mittelpunkt, sowohl innerhalb der Curve selbst (wenn auch nicht mathematisch genau), als innerhalb der bei dem Sprunge zur Wirksamkeit gelangenden Kräfte; er ist daher ein Ruhepunkt, wenn auch dem Auge als solcher nicht wahrnehmbar: und das eminent Transitorische hat keinen Ruhepunkt. Die Geschwindigkeit des Sprunges fällt daher unter die später zu betrachtenden Darstellungen der Schnelligkeit. In manchen Fällen wird es freilich schwer sein, das Grenzgebiet zwischen dem eminent Transitorischen und dem bloss Schnellen fest zu normiren. Bei einer abgeschossenen Flintenkugel z. B. wirken ganz die gleichen statischen Gesetze, wie bei dem eben behandelten Sprung, und man könnte daher auch deren Bewegung eigentlich nicht eminent transitorisch nennen: hier aber ist die Geschwindigkeit eine so ausserordentliche, dass wir das sich bewegende Objekt mit dem Auge gar nicht mehr wahrnehmen. Es ist daher, obgleich die fliegende Flintenkugel so gut ihren relativen Ruhepunkt hat, wie der springende Mensch; ein Unsinn, eine solche zu malen, denn was niemand in Wirklichkeit sehen kann, das kann auch im Bilde nicht gezeigt werden. Dass es bei diesem Beispiel in der That nur der ausserordentlich hohe Grad von Geschwindigkeit ist, welcher diese Erscheinung zu einer eminent transitorischen macht, während andere, ihrer Natur nach durchaus gleichartige Vorgänge, welche einen geringeren Grad von Geschwindigkeit haben, nicht mehr zum eminent Transitorischen gerechnet werden dürfen, zeigt das Beispiel eines von menschlicher Hand geworfenen Balles oder Steines. Ein nach einem beliebigen Ziel geschleuderter Stein unterscheidet sich von der abgeschossenen Flintenkugel hinsichtlich der Bewegung vornehmlich nur durch seinen minderen Grad der Geschwindigkeit, sonst sind ihre Bewegungen durchaus den gleichen Gesetzen unterworfen: aber beim Stein, welchen wir vermöge seiner geringern Schnelligkeit mit den Augen verfolgen können, nehmen wir den oben besprochenen Wechsel der im geworfenen Gegenstande wirksamen Kraft, die veränderte Richtung der Bewegung, und in Folge dessen das Centrum der ganzen Bewegung als eine Art Ruhepunkt wahr, was wir am deutlichsten erkennen, wenn wir etwa einen Stein senkrecht in die Höhe werfen, wobei sich der Augenblick, in welchem der Stein nicht mehr steigt, sondern wieder zu fallen beginnt, also der Culminationspunkt der Bewegung, vollständig deutlich als Ruhepunkt markirt. Und dieser Ruhepunkt ist immer da, wird aber immer weniger kenntlich, je mehr sich die Wurflinie von der Senkrechten entfernt und der Horizontalen sich nähert. Wenn dagegen jemand einen Stein vom Dache herabfallen lässt, so ist in der Bewegung des fallenden Körpers kein Wechsel, sondern vielmehr im Gegentheil eine beständige Zunahme: die Bewegung wird mit jedem Augenblicks-theilchen schneller, und es ist daher nicht ein einziger Ruhepunkt in ihr vorhanden; die Bewegung des fallenden Steines ist demnach im eminenten Sinne transitorisch und nicht darstellbar. Der Gegensatz zwischen geworfenem und fallendem Steine ist also, obgleich es sich hier um leblose Gegenstände handelt, ganz derselbe, wie zwischen dem springenden und dem herabfallenden Menschen. Nur darf hier eins nicht vergessen werden: wenn ein springender Mensch und ein geworfener Stein darstellbar sind, so sind sie es doch nicht ganz schlechthin, sondern nur unter bestimmten Voraussetzungen. Dass bei beiden jener Culminationspunkt der Bewegung, als der einzige Ruhepunkt innerhalb derselben, dargestellt werden muss, ist nach dem Gesagten selbstverständlich; es wird auch keinem Vernünftigen, der einen springenden Menschen malen will, einfallen, ihn in der ersten Hälfte des Sprunges oder in der zweiten, wo er sich zur Erde senkt, darzustellen. Nicht minder unerlässlich aber ist es, dass an der im Sprung begriffenen Figur, sei es Mensch oder Thier, durch die Stellung der Füsse die treibende Kraft, welche den Sprung hervorgerufen hat, angedeutet werde; der Beschauer muss dadurch dem Bilde entnehmen können, dass der Springende eben aus eigener Kraft seinen Sprung vollführt, nicht etwa durch eine fremde Kraft geworfen wird. Ebenso muss diese in Bewegung setzende Kraft erkennbar sein, wenn ein lebloser Gegenstand im Wurfe dargestellt ist: wir müssen den sehen, welcher den Stein geworfen hat, und müssen es auch aus seiner Stellung entnehmen können, dass er eben geworfen hat; wir müssen eventuell, z. B. wenn es sich um Darstellung zweier Ballspieler handelt, auch das Ziel, den Empfänger des Geworfenen sehen. Sehen wir aber weder Ausgangs- noch Zielpunkt des geworfenen Gegenstandes, so fehlt dem Beschauer jegliche Stütze zur deutlichen Erkenntniss dessen, worum es sich handelt; und wollte jemand den fliegenden Stein oder Ball allein hinmalen, ohne durch Nebenfiguren Absender oder Ziel deutlich zu machen, so würde niemand daraus klug werden. Daraus folgt, dass auch diese Erscheinungen, obgleich streng genommen nicht eminent transitorisch, an sich eigentlich undarstellbar sind, weil sie einen Moment der Bewegung wiedergeben, in welchem dieselbe unmöglich angehalten werden kann. Wir werden später sehen, dass nur solche Momente einer Bewegung an sich wirklich im Stande sind, ohne aushelfende und unterstützende Beigaben im Beschauer den Schein der Bewegung hervorzurufen, welche einerseits deutlich die Bewegung kennzeichnen, andrerseits aber einen wirklich möglichen Ruhepunkt, in dem die Bewegung zum Stillstand gebracht werden könnte, repräsentiren.

Wir sind durch den Zusammenhang genöthigt gewesen, in dem zuletzt Besprochenen, um Einwürfen oder Missverständnissen zu begegnen, verschiedene Erscheinungen schon vornweg zu behandeln, welche ihrem Wesen nach nicht zu dem eminent Transitorischen gehören, und kehren nunmehr zu diesem, als unserer nächsten Aufgabe, wieder zurück.

Wenn wir die bisher angeführten Beispiele des eminent Transitorischen der Handlung näher ansehen, so ergiebt sich, dass es sämmtlich Bewegungen von Körpern waren, bei denen der gesammte Körper als solcher in Bewegung ist, ohne dass einzelne Theile an sich allein die Bewegung repräsentirten. In all diesen Fällen ergab sich, dass die Kunst ausser Stande ist, solche eminent transitorische Erscheinungen darzustellen. Es giebt nun aber auch rein transitorische Bewegungen an Körpern, wobei der grösste Theil des Körpers nicht an der Bewegung theilnimmt, während die transitorische Bewegung nur an einem oder an einigen Theilen des Körpers erfolgt.

Einige solche Erscheinungen haben wir schon früher, bei Besprechung des Transitorischen im Affekte, namhaft gemacht. Etwas ähnliches ist z. B. eine Bewegung wie das Achselzucken: das momentane Erheben und Senken der Schultern, während der übrige Körper in Ruhe bleibt. Diese Bewegung ist eine so schnelle, zugleich aus so wenig Momenten zusammengesetzte, dass sie sich der Darstellung entzieht. Man kann wohl einen Menschen mit erhobenen Schultern malen, nicht aber das Achselzucken selbst darstellen. — Geben wir einem Menschen ein Attribut in die Hand, mit welchem er eine transitorische Bewegung zu vollführen hat: ein Schwert, einen Hammer u. dgl.; kann der Schlag mit dem Schwerte oder mit dem Hammer dargestellt werden? — Auch ohne erst einen Blick auf die Kunstdarstellungen zu werfen, wird jeder ohne weiteres erkennen, dass dies unmöglich ist; man kann den Augenblick vorher, wo Waffe oder Werkzeug geschwungen ist, oder auch den Augenblick nachher, wo sie niederfallen und ihr Ziel treffen, nicht aber die Bewegung des Schlages oder Stosses selbst bildlich wiedergeben. Wollte jemand einen zwischen diesen beiden Augenblicken in der Mitte liegenden Sekundentheil — nur um minime Bruchtheile kann es sich ja hierbei handeln — vorstellen, so würde gerade die Wirkung, welche das Kunstwerk hervorbringen soll, die des blitzschnell geführten Schlages, vollkommen verloren gehen und der Eindruck eines langsam gesenkten Armes hervorgebracht werden. Ganz das Gleiche ist es mit so transitorischen Erscheinungen, wie die Bewegung des Auges beim Sehen oder des Mundes beim Sprechen. Die Bewegung der Augenlider, die beim wachen Menschen beständig vor sich geht, das sog. Zwinkern, ist unmalbar; und wer einen sprechenden Menschen malen will, kann wohl den zur Lautbildung geöffneten Mund darstellen, nicht aber irgend eine der mannigfaltigen Bewegungen der Lippen, durch welche erst die Lautbildung erfolgt. Auch diese Art transitorischer Erscheinungen ist also undarstellbar.

Wir können dann noch eine dritte Art transitorischer Erscheinungen am Körperlichen namhaft machen, welche der ersten Art nahe stehen, sich aber insofern von ihr unterscheiden, als dabei der sich bewegende Körper nicht mit Schnelligkeit einen bestimmten Raum durchmisst, sondern, am gleichen Orte bleibend, nur seine Stellung verändert. Auch diese Erscheinungen verhalten sich aber der Kunst gegenüber nicht anders, als die vorher besprochenen. Ein plötzlich umstürzender Gegenstand, ein seiner ganzen Länge nach umfallender Mensch lassen sich nicht darstellen; nur wenn die Bewegung so erfolgt, dass gewisse Theile schon ihre Lage verändert haben, während andere noch in Ruhe verharren, oder wenn man verschiedene Stadien der Bewegung gleichzeitig überschauen kann, ist die Möglichkeit der Darstellung durch die Kunst vorhanden. Wenn wir uns an die zusammenbrechende Amazone vom Fries des Apollotempels zu Phigalia erinnern, so haben wir ein Beispiel, wie ein solches langsames Zusammenbrechen, das freilich nicht mehr eminent transitorisch ist, künstlerisch fixirt werden kann. Man darf aber nicht glauben, dass es bei derartigen Erscheinungen immer bloss das Schnelle und Plötzliche ist, welches der Kunst versagt bleibt; selbst ein ganz langsam in der bezeichneten Weise sich bewegender Körper kann nicht dargestellt werden, sobald dem Künstler die Mittel und Wege fehlen, die Bewegung zu veranschaulichen. Die vom Holzhauer gefällte, langsam sich senkende Eiche ist ebensowenig zur Darstellung

geeignet, wie die vom Blitz getroffene, in jähem Falle
niederstürzende, es sei denn, dass der Maler durch Nebenfiguren, z. B. durch Menschen, welche an Stricken sie
herabziehen, ihr Senken andeutet; und nicht mit Unrecht
führt G y u r k o v i c s in seiner »Studie über Lessings
Laokoon« das Beispiel einer um eine feste Axe sich be-
liebig langsam drehenden Kugel an, welche ebensowenig
malbar ist, wie die mit rapidester Geschwindigkeit sich bewegende. Wir kommen auf diese Beispiele, die mit dem
eminent Transitorischen nichts mehr zu thun haben, später
noch einmal zurück.

Wir sehen nunmehr, dass wir bei der Frage nach
der Darstellbarkeit des eminent Transitorischen nicht
stehen bleiben können, sondern unsere Betrachtung weiter
ausdehnen müssen. Freilich brauchen wir deswegen
nicht, wie Gyurkovics will, den Begriff des Transitorischen überhaupt zu verwerfen und zu fragen: »Bei
welchem Zeitmasse beginnt oder mit welchem Masse
überhaupt wird das plötzliche Erscheinen und Verschwinden gemessen?« — Ich glaube, dass wir an den oben
angeführten Beispielen hinlänglich gesehen haben, dass
es in der That gewisse Erscheinungen in Handlung oder
Affekt giebt, welche man als transitorisch im eminenten
Sinne bezeichnen kann; und ferner, d a s s a l l e d i e s e
E r s c h e i n u n g e n o h n e A u s n a h m e d e r K u n s t
v e r w e h r t s i n d. Man kann aber auch gleich hinzu-
fügen, dass schon von vornherein die einfache Unmöglichkeit der Darstellung solcher Erscheinungen fast niemals bessere Künstler dazu verführt hat, ihre Kraft daran
zu versuchen; das Verbot des rein Transitorischen in
der Kunst ist daher etwas Selbstverständliches.

Wenn wir nun unsere Frage dahin erweitern: inwie-
fern ist die Kunst im Stande, Schnelligkeit, ja Bewegung

überhaupt, auszudrücken? und sind ihr nach dieser Hinsicht, abgesehen vom eminent Transitorischen, gewisse Grenzen gesteckt? — so wollen wir auch hier zunächst uns darnach umsehen, was Lessing selbst über diesen Punkt sagt. »Die Schnelligkeit,« sagt Lessing in einem schon oben einmal beiläufig angeführten Fragment zum Laokoon, »ist eine Erscheinung zugleich im Raume als in der Zeit. Sie ist das Produkt von der Länge des ersteren und der Kürze der letzteren. Sie selbst kann also kein Vorwurf der Malerei sein; und wenn Caylus dem Künstler bei allen Gelegenheiten, wo schneller Pferde gedacht wird, sorgfältig empfiehlt, alle seine Kunst anzuwenden, diese Schnelligkeit auszudrücken, so kann man sich leicht einbilden, dass man bloss die Ursache derselben, das Anstrengen der Pferde, und den Anfang derselben, den ersten Satz der Pferde, zu sehen bekommen werde.« — An einer andern Stelle handelt er von der Bewegung in der Malerei. Er hatte die Absicht, im 45. Kapitel des zweiten Theiles eingehender darauf zurückzukommen und darzulegen, warum nur Menschen nicht aber Thiere die Bewegung in der Malerei empfinden können. Darauf bezieht sich ein Fragment, in welchem es heisst: »Den Schranken der bildenden Künste zu Folge sind alle ihre Figuren unbeweglich. Das Leben der Bewegung, welche sie zu haben scheinen, ist der Zusatz unserer Einbildung; die Kunst thut nichts, als dass sie unsere Einbildung in Bewegung setzt.« Als Beispiel wird die bekannte Anekdote von den Trauben des Zeuxis, nach denen die Vögel flogen, angeführt und dazu bemerkt: »Thierische Augen sind schwerer zu täuschen, als menschliche; sie sehen nichts, als was sie sehen; uns hingegen verführt die Einbildung, dass wir auch das zu sehen glauben, was wir nicht sehen.« In diesen Worten liegt der Kardinalpunkt der ganzen Frage ausgesprochen. Dass die bildende Kunst eine wirkliche Bewegung nicht wiedergeben kann, dass sie also nur darauf ausgeht, im Beschauer den Eindruck einer solchen hervorzurufen, ist klar; es fragt sich nun, in welcher Weise sie das zu thun hat, ob ihr dabei gewisse Grenzen gesteckt sind, und namentlich, ob wirklich, wie Lessing meinte, die Schnelligkeit, welche doch nichts ist, als eine beschleunigte Bewegung, ihr verwehrt bleibt.

Obschon nun Lessing ausdrücklich sagt, dass Schnelligkeit kein Vorwurf der Malerei sein könne, zeigt er doch selbst in einer Anmerkung zu diesen Worten, dass die Kunst nicht ohne Mittel und Wege sei, dieselbe auszudrücken. Er bezieht sich dabei auf ein antikes Wandgemälde, welches den Raub der Proserpina vorstellt. »Merkur leitet die Rosse, deren egale Schnelligkeit sehr wohl ausgedrückt ist. Aber durch einen ganz besondern Kunstgriff hat der Künstler selbst in den Wagen etwas zu legen gewusst, welches uns seine Bewegung, auch ohne auf die Pferde zu sehen, sehr sinnlich macht. Er zeigt die Räder nämlich etwas von der Seite und verschoben, durch welche Verschiebung ihre zirkelmässige Figur in ein Oval verwandelt wird: und indem er dieses Oval ein wenig ausser seiner Perpendikel-Linie gegen den Ort zu, wohin die Bewegung geschehen soll, stellet, so erregt er dadurch den Begriff des Umfallens, mit welchem Umfallen des Rades die Bewegung nothwendig verbunden ist.« — So seltsam uns heut dies weither geholte Beispiel anmuthet, so liegt doch hier in der That der Punkt, an welchem wir einzusetzen haben. Die Kunst kann Schnelligkeit ausdrücken, sobald sie im Stande ist, dem Beschauer eine Vorstellung des Körpers zu geben, nicht wie in Wirklichkeit bei der Bewegung er sich verhält, sondern wie er in derselben dem Betrachter erscheint. Bei den zuerst besprochenen eminent transitorischen Erscheinungen war dies unmöglich, weil das Gesammtbild der Reihenfolge von Sinneseindrücken, welche bei der Bewegung erfolgen, ein so kurzes ist, dass seine Verlängerung durch die Kunst im krassesten Wiederspruch damit steht, indem eben jene Plötzlichkeit zum Wesen der Erscheinung selbst nothwendig dazu gehört. Aber es giebt Bewegungen, ausserordentlich schnelle Bewegungen, welche immerhin so lange dauern oder sich in gleichmässiger Weise so oft wiederholen, dass wir von der Bewegung des Körpers einen bestimmten Sinneseindruck empfangen; und deren Darstellung durch die Kunst ist möglich.

Nehmen wir als Beispiel ein trabendes oder galoppirendes Pferd. Hier ist Lessing im Unrecht, wenn er meint, dass uns der Maler bloss die Ursache der Schnelligkeit, das Anstrengen der Pferde und ihren ersten Satz zeigen könne; hätte Lessing damals eine umfassendere Kenntniss von Kunstwerken, namentlich der modernen Kunst, gehabt, so würde er gesehen haben, dass die Kunst in der That sehr gut im Stande ist, ein in schneller Bewegung befindliches Pferd mit dem Schein vollster Wirklichkeit darzustellen. Wodurch aber erreicht sie das? Nimmt sie irgend welchen Moment aus der Bewegung des Thieres, irgend eine bestimmte Stellung, welche die Füsse dabei einnehmen, heraus und stellt ihn dar? — Keineswegs; bei einem langsam einherschreitenden Pferde ginge das wohl, nicht aber z. B. bei einem trabenden. Es wird manchem meiner Leser bekannt sein, dass man mit den so vervollkomneten Mitteln der Photographie im Stande gewesen ist, alle die einzelnen Momente der Fussstellungen, woraus sich die verschiedenen

Gangarten des Pferdes — Trab, Galopp, Carriere u. s. w. — zusammensetzen, in Augenblicksbildern festzuhalten. Sieht man nun diese photographischen Aufnahmen durch, so bemerkt man, dass das zum Theil ganz wunderbare, uns kaum möglich erscheinende Stellungen sind; Stellungen, bei denen man manchmal glauben möchte, das Pferd stolpere oder falle hin: keine einzige aber ist darunter, welche mit dem Eindruck, den das trabende Pferd auf unser Auge für gewöhnlich macht, übereinstimmt. Thun wir aber alle diese Augenblicksaufnahmen in der Reihenfolge, in der sie aufgenommen worden sind, in ein sogenanntes Lebensrad (Praxinoskop), dergleichen heut vielfach als Spielzeug vorkommen, so sehen wir bei schneller Umdrehung des Rades, wobei die einzelnen Bilder vor unseren Augen ineinander übergehen, deutlich ein trabendes Pferd. Wie hier im Bilde, so gehen für uns auch in der Wirklichkeit die einzelnen momentanen Stellungen so schnell vorüber und so rapid in einander über, dass wir keine einzige darunter scharf und bestimmt erfassen, sondern nur ein Gesammtbild erhalten: und dies Gesammtbild ist es denn auch, welches die Kunst wiedergiebt und welches sie wiederzugeben im Stande ist, indem sie dasselbe aus mehreren Stellungen zusammensetzt, welche in Wirklichkeit nicht in denselben Moment fallen. So erscheint denn das trabende Pferd in der Kunst so dargestellt, dass zwei Füsse der gleichen Seite den Boden berühren und die beiden andern nach vorn geworfen sind, während in Wirklichkeit diese Stellung der beiden andern Füsse erst eintritt, nachdem der erste Vorderfuss den Boden schon wieder verlassen hat und das Pferd nur noch mit dem einen Hinterfuss den Boden berührt. Aehnlich ist es bei Darstellung des galoppirenden Pferdes. In Wirklichkeit besteht der Galopp aus

einer Reihe von Sprüngen, wobei sich, wenn es Rechts-
galopp ist, zuerst der rechte Vorderfuss, dann der linke
Vorder- und rechte Hinterfuss zugleich erheben, worauf
der ganze Körper durch den linken Hinterfuss vorwärts
geworfen wird, und beim Linksgalopp in entsprechender
Weise umgekehrt. Auch hier ist aber kein einzelner
dieser Momente für die Kunst brauchbar. Die alte Kunst
hat sich deshalb in der Regel damit begnügt, die Pferde
auf den Hinterbeinen stehen zu lassen, während der
Körper sich in die Höhe erhebt; die moderne Malerei
stellt dagegen die galoppirenden Pferde meistens in der
Luft schwebend vor. In einem interessanten Aufsatze
von Ernst Brücke »Ueber die Darstellung der Bewegung durch die bildenden Künste« (Deutsche Rund-
schau, Bd. XXVI), dessen Resultate im wesentlichen mit
den meinigen übereinstimmen, wird dieser Unterschied
darauf zurückgeführt, dass die modernen Renner in ihrem
schnellsten Laufe für jeden wesentlich andere Erinnerungs-
bilder ihrer Bewegungen zurücklassen, als die gedrunge-
neren, weniger flüchtigen Pferde, welche auf älteren
Bildern dargestellt sind, je zurücklassen konnten. Das
mag wohl wesentlich in der Erinnerung an die Rosse
des Parthenonfrieses geschrieben, kann aber so allgemein
gehalten nicht ganz richtig sein, da wir auch in der
alten Kunst, z. B. auf Vasenbildern, vielfach sehr
schlanken Rennern begegnen; vielmehr kommt jene Verschiedenheit in der Darstellung eher daher, dass die moderne Kunst in ihrem Streben nach Realismus in weit
höherem Grade darauf ausgeht, dem Erinnerungsbilde,
welches der Beschauer bei der schnellen Bewegung em-
pfängt, nahe zu kommen, als die antike, welche in dieser
Hinsicht, wie auch sonst so oft, mehr andeutend verfährt.
   Nicht also direkt die Wirklichkeit kann die Kunst

nachahmen, wenn sie eine gewisse Art von schneller Bewegung wiedergeben will, sondern eine Art Idealvor-
stellung ist es, durch welche sie im Beschauer das Bild
der Wirklichkeit hervorzurufen versteht. Es bedarf daher
auch einer Modifikation, wenn Goethe sagt: »Wenn
ein Werk der bildenden Kunst sich wirklich vor den
Augen bewegen soll, so muss ein vorübergehender Moment
gewählt sein; kurz vorher darf kein Theil des Ganzen
sich in dieser Lage befunden haben, kurz nachher muss
jeder Theil genöthigt sein, diese Lage zu verlassen.«
Das gilt durchaus für Darstellung einer Schnelligkeit,
welche nicht so bedeutend ist, dass man sie nicht mit
den Augen verfolgen und einen solchen vorübergehenden
Moment erhaschen könnte; überall aber, wo das Auge
die Bewegungen des Körpers oder seiner Theile nicht
mehr deutlich zu erfassen vermag und daher ein Scheinbild erhält, kann kein in der Wirklichkeit vorhandener,
vorübergehender Moment der Bewegung, sondern muss
ein ideales Bild derselben gegeben werden, allerdings
auch in der Weise, dass die Goethe'sche Forderung dabei erfüllt wird. So auch bei dem Beispiel eines schnell
fahrenden Wagens, welches Lessing anführt; nur dass
hier nicht die etwas veränderte Form der Räder allein
genügt, sondern überhaupt die ganze Form des Rades
verschwinden und die Speichen ineinander übergehen
müssen, wenn wirklich die Illusion hervorgerufen werden
soll; etwas was heutzutage jedem Maler geläufig ist, obgleich allerdings Brücke mit Recht darauf aufmerksam
macht, dass die alten Meister Darstellungen dieser Art
selbst da, wo beträchtliche Geschwindigkeiten voraus-
gesetzt werden mussten, vermieden, um die Form des
Rades nicht zu zerstören: weshalb man auch auf allen
Bildern und auch noch bei den Malern der Renaissance

in der Regel selbst bei schnell fahrenden Wagen die Form des Rades genau wiedergegeben findet. Die moderne Malerei mit ihrer naturalistischen Tendenz giebt aber den Eindruck wieder, den die flüchtige Erscheinung im Beschauer hervorruft; und das gleiche thut sie noch bei zahlreichen andern Bewegungen, die nicht in einem einzelnen Momente erfasst, sondern nur in einem eine ganze Reihe von Momenten zusammenfassenden Bilde wiedergegeben werden können, wie z. B. die wogende See u. a. m.

Anders aber liegt die Sache bei Bewegungen, welche nicht von so bedeutender Schnelligkeit sind, dass es dem Auge unmöglich wäre, ihnen im einzelnen zu folgen; bei Bewegungen also, welche kein Scheinbild hervorrufen, wie jene vorher angeführten. Hier wird die Aufgabe der Kunst eine andere sein; da der Beschauer kein ideales Bild der Bewegung erhält, so kann der Künstler auch ein solches nicht wiedergeben, es bleibt ihm daher nichts übrig, als einen Moment aus der Bewegung selbst herauszugreifen; und zwar handelt es sich dabei vornehmlich darum, dass er einen passenden Moment herausnimmt, d. h. einen solchen, welcher dazu geeignet ist, uns die ganze Bewegung, also auch die vorhergehenden und die folgenden Momente, klar zu machen. Indem der Künstler einen solchen Moment herausgreift und fixirt, muss er freilich darauf verzichten, in dem Beschauer völlige Illusion zu erzeugen, ihm genau das gleiche Bild vorzuführen, welches die Bewegung wirklich in ihm hervorbringt.

Nehmen wir als Beispiel einen laufenden Menschen. Ein laufender Mensch hat (wenn er nicht etwa ein Schnellläufer von Profession ist, was hier nicht in Betracht kommt) einen minderen Grad von Geschwindigkeit als ein trabendes oder galoppirendes Pferd. Wir er-

halten daher kein Idealbild seines Laufes und können
andrerseits, obgleich wir alle seine Bewegungen deutlich
sehen, doch keinen einzelnen Moment des Laufes momentan festhalten. Letzteres aber muss der Künstler
thun; und er thut es in der Regel in der Weise (ich erinnere z. B. an den laufenden Lampadophor aus Pom-
peji), dass er den Körper der betreffenden Figur weit
vornüber gebeugt sein, den einen Fuss flüchtig den Boden
berühren und den andern weit nach hinten ausgestreckt
sein lässt. Es ist das also eigentlich kein Augenblick
der Laufbewegung selbst, sondern der, wenn auch ganz
momentane und dem Auge kaum bewusst werdende Ruhepunkt, welcher zwischen zwei Laufbewegungen mitten
inne liegt. Die Laufbewegung selbst aber, d. h. der
Moment des Laufes, wo beide Füsse vom Boden abgelöst sind und in der Luft schweben, ist für den
Künstler durchaus unbrauchbar, weil ein solcher Moment
künstlerisch fixirt nichts weniger als das Bild eines Laufenden hervorbringen würde. Denn dies erhalten wir
ja eben nur durch die ganze, ausserordentlich schnell
sich folgende Reihe solcher Momente seiner Bewegung;
einer derselben aber allein und für sich dargestellt würde
uns ganz fremdartig erscheinen und wir darin viel eher
einen vornüber stürzenden als einen laufenden Menschen
erkennen. Die Kunst hat also hier ganz ebenso zu verfahren, wie auch bei Darstellung eines ruhig gehenden
Menschen; auch hierbei ist ein Moment des eigentlichen
Gehens, wobei der Schwerpunkt des Körpers gar nicht
unterstützt ist, indem nur das eine Bein den Boden berührt, und zwar so weit hinter dem Punkt, über welchem
sich der Rumpf befindet, dass ein so dargestellter Mensch
wie ein Stolpernder erscheinen würde. Ein solcher Moment ist natürlich undarstellbar, und man muss daher

denjenigen wählen, wo der Körper über dem einen eben
aufgesetzten Fuss, dem sogenannten Standbein, ruht,
während das andere, das sogenannte Spielbein, eine
solche Stellung einnimmt, dass man ihm ansieht, es werde
gleich im nächsten Moment vom Boden aufgehoben werden.
In dieser Weise sehen wir denn einen gehenden Menschen
in der Kunst fixirt; Ausnahmen davon werden nur durch
besondere Umstände gerechtfertigt. So macht Brücke
darauf aufmerksam, dass auf Bildern des vorigen Jahrhunderts (auch neuerer Zeit) marschirende Soldaten oft
so gemalt sind, dass das eine Bein nach vorn gehoben
ist. Es entspricht das dem Paradeschritt, wobei das nach
vorn schwingende Bein gestreckt in die Höhe geworfen
und dann erst auf den Boden gesetzt wird; hier war die
Fixirung dieser Stellung um so mehr geboten, als bei
dem langsam erfolgenden Paradeschritt bei der bezeichneten Stellung eine viel grössere Ruhepause eintrat, als
dies beim gewöhnlichen Gehen zwischen den einzelnen
Momenten der Bewegung der Fall zu sein pflegt. Ebenso
muss es als charakteristisch für die Art des Laufes bezeichnet werden, dass wir auf den häufigen Darstellungen
des Wettlaufes auf griechischen Vasenbildern die Läufer
nie in der oben beschriebenen Stellung, sondern immer
so dargestellt sehen, dass das eine Bein weit nach vorn
geworfen und etwas gekrümmt in der Luft schwebt, das
andere weit nach hinten gestreckt mit den Zehen noch
den Boden berührt; man muss daraus schliessen, dass
die Art des Laufes im Stadium der Alten nicht die war,
in der wir gewöhnlich beim schnellen Lauf die Füsse
bewegen, sondern eine ganz besondere, kunstgemässe,
wobei die Geschwindigkeit vornehmlich durch weites
Ausschreiten in Verbindung mit kräftigem Abstossen
durch den jedesmal nach hinten gesetzten Fuss erzielt

wurde, während wir bei gewöhnlichem schnellen Laufen
weniger durch die Weite der einzelnen Schritte, als durch
die möglichst schnelle Aufeinanderfolge derselben einen
hohen Grad von Geschwindigkeit zu erreichen streben.

Bei all solchen Bewegungen, auch bei denen von
Thieren, soweit sie nicht unter jene erst besprochene
Kategorie fallen, ist also der Ruhepunkt zwischen zwei
Bewegungsmomenten das, was zur Darstellung gelangt;
streng genommen ist es auch bei jenen Idealbildern der
schnellen Bewegung der Fall, nur dass bei diesen ein solcher
Ruhepunkt, wie ihn die Kunst wiedergiebt, in Wirklichkeit
bei der Bewegung nicht existirt, wenigstens nicht in der Form
existirt, in welcher die Kunst ihn wiedergiebt, während
hier der fixirte Ruhepunkt kein erfundener, sondern ein
wirklich existirender ist. Dies unverbrüchliche, schon
lange gekannte Gesetz der bildenden Künste legt am
deutlichsten Henke dar in folgenden Worten: »Zerlegen
wir die Bewegungen, die wir im Leben kennen, von
denen wir gewisse sinnliche Vorstellungen haben und in
bildlichen Nachahmungen wiedererkennen, so finden wir,
dass sie gerade in dem, was uns ihre klare Auffassung
unmöglich machen würde, in dem Wechsel der Bewegungen einzelner Glieder gegeneinander, nicht un-
unterbrochen fortlaufen, sondern aus einem Wechsel von
Abschnitten rein transitorischer Stellungsveränderungen
mit dazwischentretenden Wende- und Ruhepunkten hervorgehen. Die Zeitabschnitte, während welcher die Bewegungen im vollen Gange sind, sind auch zugleich diejenigen, in denen sie unmöglich angehalten werden
können, weil die einzelnen Theile sich in unhaltbaren
Lagen gegeneinander befinden; die Momente des Stillstandes oder Umwendens der Bewegung der einzelnen
Theile gegeneinander sind es zugleich, in denen man,

wenn man will, die ganze Bewegung anhalten kann.
Diese sind es nun auch, in denen wir die Umrisse der
einzelnen Theile deutlich erkennen. Die Stellungen,
welche sie in diesem Momente einnehmen, fassen wir
auf und kennen sie. Die Ruhepunkte der Bewegung
sind es deshalb auch, welche wir in bildlicher Nachahmung ruhig anschauen können, und die wir dann doch
als Repräsentanten des Verlaufes von mit ihnen ab-
wechselnden Bewegungen erkennen, weil wir aus der Er-
fahrung wissen, dass es keinem Menschen oder Thiere
einfällt, gerade diese Stellung anders als in diesem Zusammenhange anzunehmen. Die andern aber, die während
des unaufhaltsamen Stellungswechsels vorkommenden
Stellungen der Theile, fassen wir gar nicht auf, so oft
sie auch an unserm Auge vorübergehen, und würden sie
also auch im Bilde nicht als etwas im Leben Vor-
kommendes erkennen.« Und in Bezug auf das Verhältniss dieses Ruhepunktes zur Wahl des fruchtbarsten Momentes sagt Zimmermann in seiner Aesthetik: »Dem
statischen Charakter des plastischen Werkes gemäss, der
nicht bloss wirkliche Ruhe, sondern auch den Schein der
Ruhe erfordert, kann dieser fruchtbarste Moment kein absolut vorübergehender, er muss vielmehr ein solcher sein,
in welchem ein Beharren, sei es auch durch einen noch
so kurzen Zeitraum, denkbar ist. Es tritt daher in demselben ein scheinbarer Widerspruch an den Tag, indem
der fruchtbarste Moment ein Hinausgehen nach vorwärts
und rückwärts über das Sichtbare erfordert, dagegen der
Schein der Ruhe ein Beharrenkönnen in dem Gegebenen
verlangt. Der Widerspruch erscheint aber nur, wenn
eine Begebenheit oder Handlung in plastischer Form
dargestellt und dadurch dem rein lyrischen Charakter
derselben widersprochen wird. Er steckt also nicht so-

wohl in der Natur der Skulptur als Kunst, als vielmehr in dem Gebrauch dieser Form für die epische und dramatische, statt für die lyrische Gedankenform.« Doch es würde uns zu weit führen, hier auch auf dies in den letzten Worten berührte Thema, das unsrer gegenwärtigen Aufgabe ganz fern liegt, näher einzugehen.

Wenn nun die Kunst in der bezeichneten Weise ebensowohl bei schneller wie bei langsamer Bewegung von Menschen und Thieren verfährt, so ist die Wirkung, welche sie damit erreicht, doch nicht überall die gleiche. Denn bei einer langsamen Bewegung fassen wir auch den Moment augenblicklicher Ruhe deutlich und bestimmt auf und erkennen ihn daher mit Leichtigkeit im Kunstwerke wieder; bei schneller Bewegung aber ist dieser Ruhemoment ein so flüchtiger, dass wir zu keiner deutlichen Erkenntniss desselben kommen. Wenn wir uns daher auch denken, dass ein in solchem Moment dargestellter Mensch oder ein Thier in entsprechend schneller Bewegung vorgestellt werden soll, so ist doch die Illusion eine viel geringere, als wenn es sich um einen Moment einer ruhigeren Bewegung handelt. Zu solcher ruhigeren Bewegung rechne ich jedoch, wie ich zur Vermeidung von Irrthümern bemerken muss, auch den schnellen Gang der Diana von Versailles oder des Apoll von Belvedere; denn ihre Bewegung ist ja kein Laufen, ist nicht als so eilig zu denken, dass der Beschauer nicht vollkommen klar jede ihrer augenblicklichen Ruhestellungen erfassen könnte. Daher mag es auch kommen, dass wir in wirklichen Kunstwerken, und nur solche können ja in Betracht kommen, direkt schnell laufenden Figuren nur sehr selten begegnen; auch der von Brücke angeführte laufende Jüngling auf Rafaels Schule von Athen läuft nicht gerade sehr schnell, und Myrons Ladas war nicht mitten in vollem Laufe gefasst, sondern im Augenblick des sterbend Zusammenbrechens: also in einem als Endpunkt des Laufens jedem Beschauer deutlichen Ruhepunkt seiner Aktion.

Wie bei der Fortbewegung von Menschen und Thieren, so hilft sich die Kunst auch in andern Fällen, wo sie irgendwelche schnellere oder langsamere Bewegung, soweit solche nicht durch ein ideales Bild zu geben ist, darstellen soll: das heisst, sie verfährt andeutend, um durch solche Andeutungen im Beschauer das Bild der Bewegung hervorzurufen. Das gewöhnlichste Mittel der Andeutung ist auch sonst das eben behandelte, dass man einen Punkt momentaner Ruhe, sei dieselbe auch noch so kurz, aus der Bewegung herausgreift; so, um noch ein charakteristisches Beispiel herauszugreifen, wenn man das Schwingen eines Pendels, etwa des Perpendikels einer Uhr, darstellen will, wählt man den einen der beiden Augenblicke, wo das Pendel auf der einen oder auf der andern Seite den höchsten Punkt seiner Schwingung erreicht. Der Grad der Schnelligkeit der Bewegung bleibt hier freilich undarstellbar; während beim Gang des Menschen die Stellung der Füsse uns ungefähr auch kennzeichnet, wie schnell oder wie langsam wir uns denselben zu denken haben, ist hier das Bewegungswerkzeug zu einfach, als dass man mit seiner Hilfe den Grad der Schnelligkeit zur Anschauung bringen könnte, und ein schnell schwingendes Pendel einer Uhr lässt sich nicht anders darstellen, als ein langsam schwingendes: höchstens wird der Besitzer einiger mathematischer Vorkenntnisse bei einem langen Pendel langsame, bei einem kurzen schnelle Schwingungen voraussetzen. Wenn daher Brücke sagt, unser ruhendes Gedächtnissbild des bewegten Pendels sei deshalb das

Bild des Pendels im Maximum seiner Ausweichung, weil
wir das Pendel im Maximum seiner Ausweichung stets
deutlich haben sehen und leicht auffassen können und
deswegen sein Bild sich so uns eingeprägt hat, so ist
das an sich zwar ganz richtig; denn schliesslich kommt
es ja bei jeder Darstellung einer Bewegung darauf hinaus, dass der zur Darstellung gewählte Ruhe- oder
Culminationspunkt zugleich unser deutlichstes Erinnerungs-
bild der Bewegung ist, eben weil wir in diesem Ruhepunkte die Bewegung am deutlichsten anschauen können.
Aber es ist das doch nicht der alleinige Grund, weshalb
die Kunst das schwingende Pendel im Ruhepunkt zeigt,
denn ein langsam schwingendes Pendel sehen wir auch
in jedem Augenblicke seiner Bewegung deutlich, wenn
auch etwas kürzere Zeit, als im Nullpunkt. Ein zweiter
Grund, weshalb man das Pendel im Nullpunkt seiner Bewegung, nicht innerhalb dieser selbst, auffasst, ist vielmehr
auch noch der, dass kein einziger Punkt der Bewegung
selbst, wenn die Kunst ihn fixirt, im Beschauer das Bild
der Bewegung hervorzurufen im Stande ist; zeigt man
dagegen das Pendel im Maximum seiner Ausweichung,
so sagt sich der Verstand des Beschauers, dass das Pendel
in dieser seiner dem Gesetz der Schwere widersprechenden
Lage unmöglich bleiben kann, dass es also im Begriff
ist, eine Schwingung zu machen, ebenso wie es durch
eine vorhergehende Schwingung in jene Lage gebracht
worden ist: und das erzeugt im Beschauer die Vorstellung der Bewegung.

Ganz in die gleiche Rubrik gehören die schon früher
gelegentlich behandelten Beispiele vom Sprung, vom
Wurf und dergleichen mehr. Bei allen diesen Bewegungen
kommt diejenige Lage, welche dem Minimum der Geschwindigkeit entspricht, zur Darstellung, der Umkehr-

punkt, Ausgangspunkt oder Endpunkt, den wir auch den Culminationspunkt der Bewegung genannt haben. Aber es sind immer nur ganz bestimmte Fälle, in denen es möglich ist, einen solchen Culminationspunkt aus der Bewegung herauszugreifen, und alle Bewegungen, welche ohne jede Abwechslung in der Wirksamkeit der bewegenden Kräfte verlaufen, oder wenigstens in der Weise, dass diese an sich event. vorhandene Abwechslung doch für das Auge nicht erkennbar ist, haben keinen Culminationspunkt und sind daher auf die eben besprochene Weise nicht zur Darstellung zu bringen. In solchen Fällen wird die Aufgabe, die vor sich gehende Bewegung — nicht darzustellen, denn das ist unmöglich — aber dem Beschauer kenntlich zu machen, für den Künstler immer schwerer; er ist immer mehr genöthigt, zu conventionellen Ausdrucksmitteln, zum rein andeutenden Verfahren seine Zuflucht zu nehmen, und diese Mittel der jedesmaligen Aufgabe eigens anzupassen. Z. B. die Bewegung eines ruhig auf dem Wasser dahingleitenden Schiffes darzustellen ist eine Aufgabe, welche je nach Umständen verschieden gelöst werden muss. An sich, d. h. am Schiffe selbst, kann die Bewegung nicht zur Erscheinung gebracht werden, denn das Schiff hat (etwa die Schaufelräder eines Dampfboots ausgenommen) keine Theile, an denen die Bewegung äusserlich sichtbar wird, bewegt sich vielmehr als Ganzes weiter; die Kunst muss daher nach andern Hilfsmitteln greifen. Soll also ein von Menschenhand geruderter Nachen als in Bewegung befindlich dargestellt werden, so kann das nur dadurch geschehen, dass man einen oder mehrere Leute darauf in der Bewegung des Ruderns sieht; und diese Bewegung kann sehr wohl durch die Stellung der betreffenden Personen angedeutet werden, da bei stillstehendem Ruder derartige Stellungen nicht vorkommen. Dass die zur Bezeichnung des Ruderns gewählte Stellung naturgemäss nur entweder der Anfangs- oder der Endpunkt der Ruderbewegung sein kann, bedarf nach dem, was wir oben über die Darstellung solcher Bewegungen gesagt haben, keiner besonderen Ausführung; Brücke hat auch diesen Punkt näher besprochen. Handelt es sich aber um ein Segelschiff, so müssen die geblähten Segel, welche vom Winde geschwellt sind und daher von vornherein im Beschauer die Gedankenfolge erregen, dass der in die Segel blasende Wind auch zugleich das Schiff forttreibt, als Hilfsmittel dienen; und noch armseliger ist der Nothbehelf, welchen die Kunst wählt, um einen Dampfer in Bewegung vorzustellen, denn hier bleibt der dem Schornstein entsteigende Rauch die einzig mögliche Andeutung, abgesehen allerdings von der, auch beim Kahn und beim Segelschiff gegebenen Möglichkeit, durch die im Wasser in Folge der Bewegung entstehenden Wellen oder den Streifen, den das dahingleitende Schiff hinter sich lässt, die Bewegung zu veranschaulichen. Niemand wird verkennen, dass all das nicht in Wirklichkeit eine Bewegung darstellen heisst, dass es vielmehr nur Auswege sind, um eine an sich nicht darstellbare Bewegung dem Betrachter näher zu legen, welcher dann nicht durch unmittelbare Anschauung, sondern erst vermittelst eines wenn auch noch so einfachen Gedankenprocesses die Absicht des Künstlers in der Darstellung wahrnimmt und auf seine Intention eingehend schliesslich die Bewegung selbst für dargestellt hält, was in Wahrheit nicht der Fall ist.

Endlich giebt es nun aber auch eine Menge Fälle, wo auch diese Hilfsmittel gänzlich fehlen und daher die künstlerische Darstellung der Bewegung in der That

ganz und gar unmöglich ist. Wir führten schon früher
einmal das Beispiel einer sich um ihre Axe drehenden
Kugel an; an diesem, in seiner Totalität, ohne Bewegungswerkzeuge, sich gleichmässig bewegenden Körper kann
die Bewegung nicht veranschaulicht werden; es fehlt
ebenso die Möglichkeit, durch irgendwelches äusserlich
hinzukommendes Beiwerk die Bewegung wenigstens anzudeuten: die Aufgabe ist also für die Kunst unlösbar. —
Oder man nehme eine sich drehende Windmühle. Hier
sind zwar Bewegungswerkzeuge da, während der eigentliche
Körper des Gegenstandes in Ruhe bleibt: aber die Bewegung ist eine solche, dass kein Ruhepunkt in ihr sich
findet, da sie ganz gleichmässig nach derselben Richtung
hin erfolgt. Es könnte freilich ein Maler auf die Idee
kommen, durch Beigaben ähnlicher Art, wie bei dem
eben angeführten Beispiel des Segelschiffes, dem Beschauer
die Vorstellung zu erregen, dass die dargestellte Landschaft bei wehendem Winde aufgefasst ist, und dass, wenn
Wind geht, doch voraussichtlich auch die Windmühle
dadurch in Bewegung gesetzt wird: aber dieser Gedankenprocess des Beschauers, welcher beim Segelschiff
noch ein ziemlich einfacher und naheliegender ist, ist
in diesem Falle schon ein so complicirter, dass schon
durch diese grössere Folge von Combinationen der ge-
wünschte Eindruck des Bildes völlig gestört werden muss.

Das Resultat, welches sich aus diesen letzten Betrachtungen ergiebt, ist daher folgendes: Jegliche schnelle
oder langsame Bewegung, welche einen oder
mehrfach sich wiederholende Culminationspunkte hat, die so beschaffen sind, dass sie
in dem Beschauer den Gedanken der vorhergehenden und nachfolgenden Bewegung nothwendig erwecken müssen, ist in einem solchen

Momente darstellbar; Bewegungen, welche keinen solchen Moment enthalten, sind nicht darstellbar, es sei denn, dass der Künstler im
Stande ist, durch irgendwelches Beiwerk, welches nicht unmittelbar zur Bewegung gehört,
aber dieselbe hervorruft, dem Beschauer die
Bewegung wenigstens anzudeuten.

Mit diesen Resultaten hinsichtlich des eminent Transitorischen und der Schnelligkeit oder Bewegung überhaupt,
d. h. also des schlechthin Transitorischen, haben wir
aber die uns gestellte Aufgabe noch nicht völlig gelöst;
denn das, was wir über die Darstellung des Transitorischen in der Kunst gesagt haben, geht zunächst und allgemein nur auf diejenige Kunst, welcher die zahlreichsten
Hilfsmittel zur Erzeugung der Illusion zu Gebote stehen,
auf die Malerei. Nehmen wir jene schnellen Bewegungen, bei denen, wie wir sahen, nur durch Darstellung
des ideellen Eindrucks der Bewegung der Beschauer die
Vorstellung einer solchen überhaupt erhalten kann, so
sind zwar manche darunter, welche sich trotz des In-
einanderübergehens einzelner Bewegungsmomente in fest-
umrissener Form vorstellen, plastisch darstellbar, wie z. B.
ein trabendes Pferd; die meisten aber eignen sich, da
sie beim steten Wechsel der Erscheinungen kein festes
Bild liefern, sondern nur ein unbestimmtes, scharfer Con-
turen entbehrendes, lediglich zur Darstellung durch die
Farbe. Die Plastik hat daher in den bei weitem
meisten Fällen auf Darstellung eines bedeutenden Grades von Schnelligkeit zu verzichten.
In den übrigen Fällen, wo es sich um minder hohe Grade
von Schnelligkeit handelt, folgt sie dem oben dargelegten und allgemein für die bildenden Künste giltigen
Gesetze, wonach der innerhalb der Bewegung vorhandene

Punkt der relativen Ruhe auch der für die Darstellung geeignetste ist. Die zahlreichen Figuren laufender und schreitender Menschen legen davon Zeugniss ab, dass hier die Plastik durchaus keine anderen Gesetze hat, als die Malerei. Gewisse Grenzen sind ihr natürlich durch die Beschaffenheit ihres Materials und ihrer Technik gesetzt. Was nicht am Boden haftet, lässt sich statuarisch nicht wiedergeben, sondern höchstens im Relief, welches als Mittelglied zwischen Malerei und Skulptur weitere Grenzen hat als letztere, wenn auch immerhin noch beträchtlich engere als die Malerei. Leider aber verkennt die moderne statuarische Kunst nur zu oft die Grenzen, welche ihr für Darstellung der Bewegung von der Natur gesteckt sind. Im Gemälde kann man sehr wohl eine Figur darstellen, welche mit einem Springseil in den Händen oben in der Luft schwebt, während das Seil im gleichen Augenblicke vom Springer unter seinen Füssen durchgezogen wird. Aber es heisst durchaus über das Gebiet der Plastik hinausgehen, wenn eine moderne französische Bronce einen solchen Springer — obschon technisch sehr geschickt erdacht — ganz in der gleichen Weise darstellt; denn in der Malerei habe ich nicht den Eindruck, als halte sich der in der Luft schwebende Mann an dem schlaffen Seile fest; wenn ich aber die gleiche Scene plastisch verkörpert sehe, so kann ich mich nicht von der Vorstellung losreissen, dass der Springer sich vermittelst des elastischen Seiles, das mir in der Skulptur als fester tragender Körper erscheint, in der Schwebe erhalte, und so trägt sich unwillkürlich das, was nur technisches Hilfsmittel für den Bildhauer sein soll, welcher eine schwebende Figur nicht ohne Unterstützung wiedergeben kann, in die Vorstellung selbst über. Ganz der gleiche Fall ist es mit der auch in der heutigen Skulptur

beliebten Vorstellung springender Pferde, bei denen sämmt-
liche Hufe in der Luft schweben und zur Unterstützung
ein recht solider Baumstamm unter dem Bauch des
Pferdes angebracht ist: dieser Baumstamm vernichtet von
vornherein die Illusion, und zwar viel mehr, als wenn wir,
was bei alten Reiterfiguren durchaus nicht selten ist,
einen solchen technischen Zwecken dienenden Baumstamm
unter dem Leib eines ruhig dahinschreitenden Pferdes
sehen. Denn bei diesem ruht die Last des Thieres nicht
auf dem Stamm, sondern auf den Füssen; wir können
uns recht wohl vorstellen, dass das Thier nur eben gerade in aller Ruhe über einen solchen Baumstamm hin-
wegschreitet; aber beim springenden Pferde wird das
Pferd direkt vom Baumstamm getragen, und der Beschauer wird sich nie ganz von diesem Gedanken losmachen
können. Die Kunst der Alten hat sich auch, so weit
wir das noch übersehen können, nie zu derartigen, durchaus unplastischen Versuchen verstiegen. Selbst der sonst
so treffliche Merkur des Giovanni von Bologna ist und
bleibt daher mit seinem massiven Windhauch, durch
welchen das Emporsteigen bezeichnet und zugleich die
Figur in leichter Schwebe erhalten werden soll, ein Un-
ding, vor welchem die Versuche der alten Kunst, eine
schwebende Figur plastisch darzustellen, z. B. die auf
Leochares zurückgehende Gruppe des Adlers mit Ganymed
bei weitem den Vorzug verdient, da hier die technisch
unentbehrliche Stütze nicht unterhalb als Träger erscheint, sondern sehr glücklich in den Hintergrund verlegt ist, so dass der Baum, an welchem der Adler em-
porstrebt, sich nur als eine Art Reliefhintergrund bemerklich macht; und ebenso ist das Schweben bei der Nike
des Paionios durch Hilfsmittel erreicht, welche dem Beschauer von der Vorderseite sich entziehen. Auch die

moderne Skulptur hat einige in ähnlicher Weise gelungene schwebende Figuren aufzuweisen. Diese Beispiele heben jedoch keineswegs den Satz auf, dass die statuarische Plastik streng genommen keine schwebende Figuren darstellen könne; denn eben dadurch, dass diese Figuren mit der Rückseite an irgend welchem Objekte, einem Baumstamm, Fels und dergleichen haften, nehmen sie eine Mittelstellung zwischen freier Statue und Relief ein und folgen schon mehr den freien Gesetzen des letzteren.

Dessenungeachtet behalten die Aesthetiker Recht, welche der Skulptur Beschränkung in der Wahl der Bewegungsmotive auferlegen. So sagt S c h l e i e r m a c h e r in seinen Vorlesungen über Aesthetik: »Auch die Malerei hat in Darstellung des Bewegten ihre Grenzen, indem sie immer nur den Moment darstellen kann. Aber sie sind in der Skulptur noch enger gesteckt, und die Malerei hat eine weit grössere Licenz der Darstellung von mannichfaltigen Bewegungen, wie die Skulptur. Die Skulptur erfordert in ihren Gestalten eine grössere Ruhe, weil in der Bewegung immer eine Beziehung auf etwas anderes ist.« Welch enge Grenze Hegel der Skulptur zieht, haben wir oben gesehen; aber obgleich dieser darin etwas zu weit geht, da immerhin auch der Skulptur lebhafte und leichte Bewegung so gut wie Schnelligkeit gestattet werden kann, so sollte doch immer festgehalten werden, dass es Bewegungen giebt, welche nur die Malerei zu erfassen im Stande ist. Selbst die in mancher Beziehung über die Grenzen der Skulptur hinausgehende, nach malerischen Gesichtspunkten aufgebaute Gruppe des farnesischen Stieres kann nicht als Ausnahme gelten. W e l c k e r bemerkt über den dargestellten Augenblick: »Es ist wie eine Mine, welche im Losgehen begriffen ist; mit grösster Kunst ist die Gruppe wie gewaltsam in

den Augenblick zusammengefasst, wo sie sich auf die
regelloseste, wildeste Art entfalten soll. Der Contrast
dieser Scene, furchtbare rascheste endlose Bewegung als
unausbleibliche Folge eines durch Kraft und Gewandtheit
herbeigeführten und glücklich benutzten flüchtigen Augenblicks des Stillhaltens geben dem Bilde Leben und Energie
in wunderbarem Masse.« Dem widerspricht allerdings
H e n k e, indem er behauptet, der Stier sei in vollstem
Sprunge durch die Luft aufgefasst: »Bedenke man den
Einfluss, welchen die plumpe Wucht des Stieres im Vor-
stürzen auf alle nach dem Zusammenhang und der Bedeutung ihrer Stellung ausüben muss, so erkenne man,
dass das ganze Bild nicht einen Augenblick in Ruhe gedacht
werden könne. Daraus folge aber unmittelbar, dass das
Ganze auf einen unbefangenen Beschauer unmöglich einen
lebendigen Eindruck machen könne, denn es sei zu un-
verkennbar klar, dass Gestalten, die in solchen unhaltbaren Stellungen lange genug verweilen, um angeschaut
zu werden, einen starren Block ausmachen müssten.«
Allein dieser Widerspruch ist nicht berechtigt; der Stier,
welcher mit seinen Hinterfüssen noch auf dem Boden
steht, ist keineswegs in vollem Sprunge durch die Luft
aufgefasst, sondern seine Bewegung ist ähnlich der eines
sich bäumenden Rosses, und gleich dieser eines Augenblicks des Stillstandes fähig, um so mehr, als hier noch
äussere Umstände: Amphion, welcher das Thier an Horn
und Schnauze festhält, hinzukommen, um dem Beschauer
die Möglichkeit eines, wenn auch noch so flüchtigen
Momentes der Ruhe nahe zu legen.

Werfen wir schliesslich noch einmal einen Blick auf
das Werk, welches für Lessing die Veranlassung gab,
sein Verbot des Transitorischen überhaupt aufzustellen:
die Laokoongruppe. Dass Laokoon nicht schreie, hat

Henke zunächst aus rein anatomischen Gründen unwider-
leglich nachgewiesen, weil bei leisem oder lautem Schreien
nicht die Mitte des Bauches so weich eingezogen bleiben
kann, wie das beim Laokoon der Fall ist; er hat dagegen
die Situation des leidenden Helden sehr glücklich als
Ausstossen eines schmerzlichen Seufzers gefasst, wozu
ebensowohl die Behandlung der Bauchmuskeln als die
Oeffnung des Mundes passe. — Aber fragen wir nun
weiter: hätten die Künstler überhaupt den Laokoon
schreiend darstellen können? oder ist das Schreien der
Plastik verboten? — Dass Schreien nicht zu den eminent
transitorischen Erscheinungen gehört, also auch nicht aus
diesem Grunde der Kunst versagt sein kann, haben wir
schon früher gesehen. Dennoch verbietet auch Henke
die Darstellung des Schreiens. »Beim Schreien,« sagt
er, »wird die Luft anhaltend und gewaltsam durch Com-
pression des ganzen Rumpfes hörbar ausgestossen. Darin
ist kein Absetzen mehr denkbar, oder es hört auf Schreien
zu sein, ebenso wie das nothwendig vorhergehende Ein-
athmen und das etwa zwischen dieses und das Ausstossen eintretende Anhalten noch kein Schreien ist.« —
Henke rechnet also das Schreien zu den ohne Ruhepunkt fortgesetzten Bewegungen, welche als solche nicht
darstellbar sind. Allein dieser Standpunkt ist kein ge-
rechtfertigter. Allerdings ist das Schreien eine Bewegung,
so gut wie das Seufzen; aber es ist eine Bewegung,
welche sich während ihrer Dauer durch nichts dem Auge
als solche kenntlich macht. Es kann jemand eine ziemlich lange Weile schreien, ohne dass wir an ihm äusserlich eine Bewegung wahrnehmen, und ein Tauber könnte
ebenso wie bei einem singenden Menschen, welcher einen
einzigen Ton aushält, nur an der Oeffnung des Mundes,
nicht aber an der Bewegung desselben, die Tonbildung

erkennen. Die Frage, ob ein schreiender Mensch dargestellt werden könne resp. solle, fällt also gar nicht in das hier von uns behandelte Gebiet der Bewegung in der bildenden Kunst, sondern gehört vielmehr eng zu der für uns durchaus abseits liegenden Frage nach der Darstellung des Hörbaren durch die bildende Kunst. Das ist wohl streng genommen auch die Ansicht von Henke, indem derselbe die Bemerkung Schopenhauers adoptirt, dass die bildende Kunst nur sichtbare Gegenstände darstelle, das Schreien aber nur durch das Gehör aufgefasst werde. Er zieht daraus den Schluss, dass die Kunst auch den bewegten Moment nur als hörbar darstellen könne: man sollte eher die Folgerung erwarten, dass die Kunst das Hörbare nur als bewegt darstellen dürfe. Die Frage, ob die bildende Kunst Schreien darstellen dürfe, ist also einer anderweitigen Erwägung zu unterziehen; nur vom Standpunkt der Bewegung betrachtet, kann die Aesthetik nichts dagegen einzuwenden haben, da das Schreien sich nicht als Bewegung manifestirt. Wir werden vielleicht ein andermal Gelegenheit finden, wiederum anknüpfend an lessingische Gedanken der Frage nachzugehen, ob und inwieweit die Kunst berechtigt sei, Dinge darzustellen, welche nur durch andere Sinne, als das Gesicht, wahrgenommen werden können.

Das Resultat der vorhergehenden Betrachtungen aber wollen wir zum Schluss noch einmal kurz zusammengefasst dahin wiedergeben: Transitorische Erscheinungen im Sinne der lessingischen Definition sind der Kunst untersagt. Was die nur schlechthin transitorischen Erscheinungen anlangt, also die Darstellung der Schnelligkeit und Bewegung überhaupt, so hat die Skulptur hier gewisse, durch ihr Material und ihre besondern Gesetze ihr gebotenen Grenzen, die Malerei im allgemeinen

nicht; doch sind die Mittel und Wege, welche bei Darstellung der Bewegung einzuschlagen sind, je nach der
Art der Bewegung verschieden und nur das ist ihnen
gemeinsam, dass sie alle darauf ausgehen, die an sich
nicht darstellbare Bewegung anzudeuten. Es geschieht
dies theils durch Wiedergabe des bei der Bewegung dem
Beschauer sich darbietenden Idealbildes, theils durch Erfassung des Culminations- oder Ruhepunktes innerhalb
der Bewegung, theils durch Beigabe von Attributen oder
Nebenfiguren, welche geeignet sind, den Vorgang der Bewegung zu veranschaulichen. Bewegungen, welche durch
keine dieser drei Arten angedeutet werden können, sind
für die Kunst unbrauchbar. Daraus ergiebt sich denn,
dass, wörtlich gefasst, der so vielfach bekämpfte Satz:
Bewegung kann die Kunst nicht darstellen, durchaus richtig ist; die Kunst kann eben die Bewegung nur andeuten
oder errathen lassen.

Druckfehler-Verzeichniss.

S. 1, Zeile 2 v. o. lies »bildende Künste« statt »bildende Künstler«.

» 9, » 10 » » » »A. Feuerbach« statt »L. Feuerbach«.

» 32, » 7 » » » »hinsichtlich« statt »hinsichtlieh«.

» 33, » 15 » » » »fruchtbarer« statt »furchtbarer«.

» 41, » 8 » » » »Guhrauer« statt »Guhzauer«.

» 80, » 2 v. u. » »alten« statt »allen«.

———————